FRANCOSCOPE EXTRA

David Sprake

Teacher's Edition

Contents

Section		Page
1	Units *1–6	3
2	Units 7–12	11
3	Units 13–18	18
4	Units 19–24	25
5	Units 25–30	27
6	Units 31–36	38
7	Units 37–42	43
8	Units 43–48	48
9	Units 49–54	53
10	Units 55–60	59

*Unit references are to *Francoscope* **Pupils' Book**.

Oxford University Press, Walton Street, Oxford OX2 6DP

Oxford New York Toronto
Delhi Bombay Calcutta Madras Karachi
Petaling Jaya Singapore Hong Kong Karachi
Nairobi Dar es Salaam Cape Town
Melbourne Auckland

and associated companies in
Berlin Ibadan

Oxford is a trade mark of Oxford University Press

© David Sprake 1992

First published 1992

Workbook ISBN 0 19 912128 1
Teacher's Edition ISBN 0 19 912141 9

Acknowledgements

The author and publishers would like to thank Pat Hollinghurst and Steven Crossland for their comments and suggestions.

The photographs on pp. 20, 56, 58 and 64 are by the author; those on pp. 24 (centre right, bottom right), 26 (4), 28 (bottom 1–5), 42 (top), 55 (2, 3, 4) and 59 are by Jon Carpenter The rest are by John Brennan.

Illustrations are by: Bill Piggins, Christine Roche, Ann Johns and John Brennan.

All rights reserved. No part of this publication may be reproduced, stored in a retrieval system, or transmitted, in any form or by any means, without the prior permission in writing of Oxford University Press.

Set by Tradespools, Somerset
Printed in Great Britain

Introduction:

To the Student:

The tasks and activities in this Workbook are intended to help you learn the important words and expressions you need for various topics in *Francoscope*. Some are for you to do on your own, others with a partner. Much of the work is recorded on the cassette, so you can listen to it as many times as you need to. You can also check your work, either from the cassette, or from the Teacher's Edition of the Workbook.

Usually space is given for you to write in your answers, but sometimes you will need to copy out written tasks into your exercise book.

Hopefully, when you have completed the Workbook tasks, you will feel confident enough to tackle some of the more challenging work in *Francoscope*.

Au boulot ... et bon courage!

Key to symbols

 refers to units in, Francoscope **Pupils' Book**

 = material recorded on cassette

 = pairwork activity

To the Teacher:

This Workbook is designed to be used alongside the *Francoscope* Pupils' Book. It comprises ten sections, each of which deals with aspects of the work covered in a particular group of six units in the main coursebook. It provides tasks and activities which practise in a number of ways the basic vocabulary and structures underpinning the units of the main course. These units are indicated next to each task (viz. U1, U2, etc.). Items in the Workbook can be undertaken either as preparation for material in the main course, or as a substitute for it.

The work, which involves all four skills, is designed to be done independently by individual pupils, or in pairs. The tasks relating to a particular unit could, for example, be used by some members of the class whilst others attempt more challenging work from the same unit of the Pupils' Book, or from the relevant revision section. The Workbook could also provide some useful homework tasks. The Workbook thus provides the teacher of a mixed-ability class with a wealth of material on which weaker pupils can be engaged, whilst abler pupils are working on more difficult material.

Tasks are largely self-explanatory, although some will require a degree of 'setting-up' by the teacher. There is also the facility for pupils to check their answers, either from the cassette, or by referring to the Teacher's Edition.

The vocabulary contained in the tasks is all found in the relevant unit of the Pupils' Book. Photocopiable (illustrated) wordlists are also available at the back of *Francoscope* Teacher's Book.

As much of the work involves taped material, and pupils are likely to be working at different speeds, this does imply regular access to a tape recorder for each pupil/pair of pupils using the Workbook. Occasionally it is suggested that pupils record their responses. They could achieve this themselves with the use of a second tape recorder, or with the help of the teacher.

Finally, apart from helping pupils to learn some basic French, it is hoped that the tasks will support the development of other, more general skills: for example, reading and following instructions in English, problem-solving, working independently, and taking a measure of responsibility for checking the accuracy of work produced.

Section 1 *Units 1–6*

Task 1 Questions–réponses

U1,2 Here is a short dialogue. A British person is asking a French person some questions about himself. But what are the questions? Add the correct questions from those given in the box:

— *Tu es Français* ?
— Oui, je suis Français.

— *Comment t'appelles-tu* ?
— Je m'appelle Alain Forestier.

— *Quel âge as-tu* ?
— J'ai dix-sept ans.

— *Où habites-tu* ?
— J'habite à Paris.

— *Tu as des frères ou des sœurs* ?
— Oui, j'ai un frère et deux sœurs.

> Où habites-tu?
> Tu as des frères ou des sœurs?
> Quel âge as-tu?
> Comment t'appelles-tu?
> Tu es Français?

Then check your dialogue by listening to the one on the cassette.

Now you can practise the dialogue with your partner, putting in your own details

Task 2 Une interview

U1,4 You will find the following questions on the cassette with gaps left for you to answer. Work out very carefully what you are going to say, and then try answering the person on the cassette:

— Bonjour.
— *Bonjour*

— Comment t'appelles-tu?
— *Je m'appelle (+ name)*

— Quel âge as-tu?
— *J'ai (+age) ans*

— Où habites-tu?
— *J'habite (+ name of place)*

— Tu habites une maison ou un appartement?

— *J'habite / une maison / un appartement ...*

— Tu as des frères ou des sœurs?

— *J'ai un frère / une sœur, etc.*
Je n'ai ni frères ni sœurs

— Tu as des animaux?

— *J'ai / un chat / un chien, etc.*

You could even record yourself answering the questions!

Task 3 Qui est absent?

[U1] Imagine that you are ticking off the names of a party of French pupils as they arrive back to your school. As you can see, four are back already. Listen to another six of them give their names and tick them off as you hear them.

Two are still missing. Write out their names for your teacher.

Still missing:

Marieke FOUCHER

Joëlle DESMOULINS

✓	DELARUE Marcel
	FOUCHER Marieke
✓	BARBIER Dominique
✓	ERNAULD Christophe
✓	GALINIER Pascale
✓	RENARD Morgane
✓	DUPONT Marie
✓	GARDIN Richard
	DESMOULINS Joëlle
✓	ROUSSEAU Jean-Claude
✓	LEPOIVRE Pierre
✓	LETOURNEUR Christine

Task 4 Que font-ils dans la vie?

[U2] Unscramble the lines and find out what each of these people does for a living. When you have discovered their jobs, complete the sentences below:

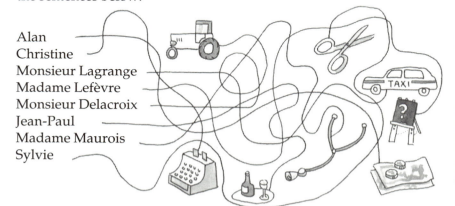

Alan
Christine
Monsieur Lagrange
Madame Lefèvre
Monsieur Delacroix
Jean-Paul
Madame Maurois
Sylvie

fermier
caissière
employé de banque
professeur
coiffeuse
médecin
chauffeur de taxi
garçon de café

Alain est *employé de banque*

Christine est *caissière*

Monsieur Lagrange est *chauffeur de taxi*

Madame Lefèvre est **professeur**

Monsieur Delacroix est **fermier**

Jean-Paul est **garçon de café**

Madame Maurois est **médecin**

Sylvie est **coiffeuse**

When you have done this, check your answers with the cassette.

Task 5 Qui veut m'écrire?

Read this letter extract written by Marie-Claire, and then fill in the form in English with the details asked for:

> Bonjour! Je me présente – je m'appelle Marie-Claire et j'ai quinze ans. Je suis assez grande, et j'ai les cheveux courts et frisés. Je suis fille unique. Mon père est mécanicien, et ma mère s'occupe de nous à la maison. Mes grands-parents habitent chez nous à Tours aussi. J'aimerais correspondre avec garçons ou filles de mon âge.

Name: **Marie-Claire**

Age: **15**

Appearance: **Quite tall, short curly hair**

Brothers & sisters: **None**

Parents' jobs: **Father – mechanic / Mother – housewife**

Lives in: **Tours**

Other details: **Grandparents live with her. Would accept male or female penfriend who is the same age as her.**

Task 6 **D'où viennent-ils?**

Listen to these five French people saying which French towns they come from and write on the map the name of each person in the part of France (s)he comes from:

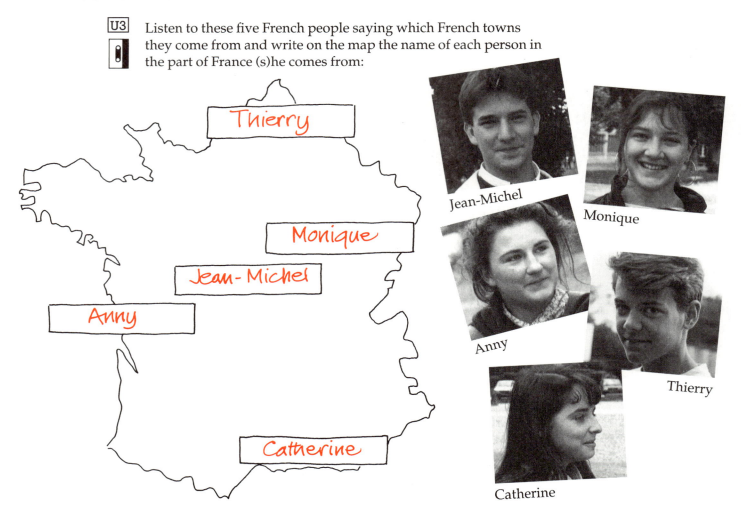

Task 7 **Une conversation**

Here is a short dialogue to prepare and perform with a partner. One of you **(Partner B)** must pretend to be French, and will need to pick a French name, and a French town to live in:

Partner A

(You will speak first)

1. Ask if (s)he's French.
3. Say no, you're English/Scottish, etc. Ask his/her name.
5. Ask how it's spelt.
7. Say what your name is.
9. Spell your surname. Ask how old (s)he is.
11. Say how old you are. Ask where (s)he lives.
13. Say where you live.

Partner B

(Let your partner start the conversation)

2. Say yes, you're French. Ask if (s)he's French.
4. Say what your name is.
6. Spell your name. Ask what his/her name is.
8. Ask how it's spelt.
10. Say how old you are. Ask him/her how old (s)he is.
12. Say where you live. Ask where (s)he lives.

Task 8 Les détails personnels

U1-3   Imagine that this form is going to be sent to your exchange school in France. Fill it in with your own details:

> Nom de famille: (your surname)
> Prénoms: (your Christian name(s))
> Nationalité: Anglaise / Ecossaise, etc.
> Né(e) le: (your date of birth) à: (your place of birth)
> Adresse: (your address)

Task 9 Deux interviews

U1-3   Here are two more people talking about themselves. Listen carefully to what they say, and then tick the correct options below:

Marcel   Mireille

a   Her surname is Bigaud ☐ Bigaut ✓ Bigaux ☐
She is 16 ☐ 17 ✓ 18 ☐ years old
She has 0 ☐ 1 ✓ 2 ☐ 3 ☐ brothers
She has 0 ✓ 1 ☐ 2 ☐ 3 ☐ sisters
She is French ☐ Belgian ✓ Swiss ☐ Canadian ☐

b   He lives in the North ☐ South ✓ East ☐ West ☐ of France
He lives in a small village ✓ big village ☐ small town ☐ big town ☐
It is 10 ☐ 20 ☐ 30 ✓ kilometers from Toulon
You can get to Toulon by bus ✓ by train ☐
The journey takes about 40 minutes ☐ 50 minutes ✓ 1 hour ☐

Task 10 C'est qui?

U6 Listen to this girl talking about six of her friends. From her descriptions you should be able to tell which friend is which. Match up the names with the correct letters:

Name	Person
1 Suzanne	B
2 Karim	A
3 Isabelle	C
4 Michel	D
5 Simone	F
6 Jean	E

Now try to describe *your* friends. Begin your descriptions with:

Mon ami s'appelle ... Il est ...
Mon amie s'appelle ... Elle est ...

Task 11 Une lettre déchirée

U1-4 Here are some sentences from a letter which have been cut in half and muddled up. Try to sort them out:

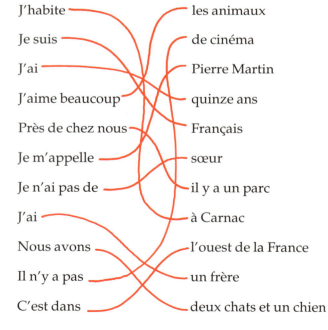

Je m'appelle Pierre Martin
J'ai quinze ans
Je suis Français
J'habite à Carnac
C'est dans l'ouest de la France
Il n'y a pas de cinéma
Près de chez nous il y a un parc
J'ai un frère
Je n'ai pas de sœur
J'aime beaucoup les animaux
Nous avons deux chats et un chien

Then decide with a partner the best order for the sentences.

Task 12 En ville

a Here are some places that you might see, or go to, in a French town. Their names are in the box, but not in the correct order. Can you sort them out and complete the sentences?

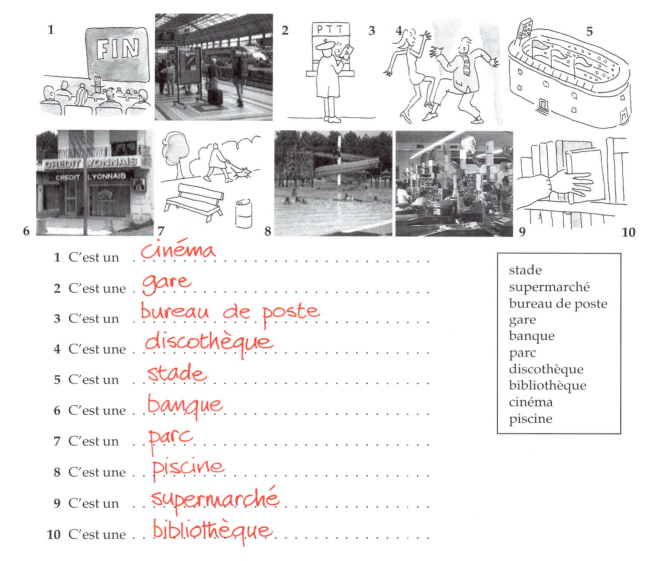

1 C'est un ...... cinéma ......
2 C'est une ...... gare ......
3 C'est un ...... bureau de poste ......
4 C'est une ...... discothèque ......
5 C'est un ...... stade ......
6 C'est une ...... banque ......
7 C'est un ...... parc ......
8 C'est une ...... piscine ......
9 C'est un ...... supermarché ......
10 C'est une ...... bibliothèque ......

stade
supermarché
bureau de poste
gare
banque
parc
discothèque
bibliothèque
cinéma
piscine

 When you have finished this, check your answers with the cassette.

b A
You are a French visitor. Ask if any of the above places are near your partner's school:
Est-ce qu'il y a un(e) ... près du collège?

B
Answer your French partner's questions:
Oui, il y en a un(e)
à ... (distance) ... d'ici
or
Non, il n'y en a pas.

You can hear four examples on the tape, but you must say how far away places are from your *own* school.

9

Task 13 Une lettre

U1-4 Copy out the following letter, and complete it by adding words for the pictures:

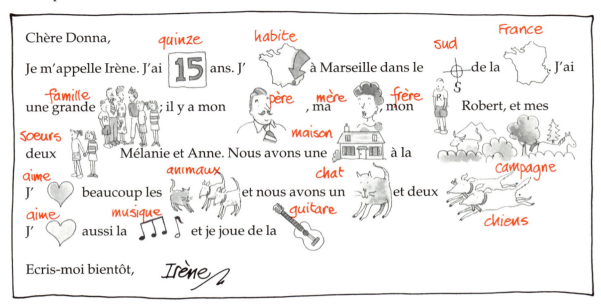

Using the letter as a model, write a similar one, putting in your own details.

Section 2 Units 7–12

Task 1 Bienvenue chez moi!

Imagine you are a French teenager (**Partner A**) welcoming an English guest (**Partner B**) to your home. Between you, match up the questions below with the correct answers. Then put them together in a short dialogue, in the most likely order. You can then act out the dialogue with your partner:

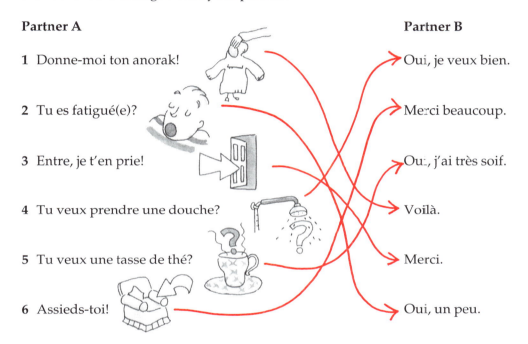

Partner A

1 Donne-moi ton anorak!
2 Tu es fatigué(e)?
3 Entre, je t'en prie!
4 Tu veux prendre une douche?
5 Tu veux une tasse de thé?
6 Assieds-toi!

Partner B

Oui, je veux bien.
Merci beaucoup.
Oui, j'ai très soif.
Voilà.
Merci.
Oui, un peu.

A dialogue is recorded on the cassette, but it is not the only possible version.

Task 2 Mon/ma/mes

Put either *mon*, *ma*, or *mes* by the following:

..*ma*.... mère   ..*mes*... grands-parents
..*mon*... frère   ..*mon*... copain
..*mes*... parents   ..*mon*... grand-père
..*mon*... oncle   ..*ma*.... copine
..*ma*.... tante   ..*ma*.... grand-mère

When you have done this, you can check it with the cassette.

Task 3 C'est pour offrir

[U7] Imagine it is near the end of your stay in France and you want to get some presents for family and friends. You're not well, so your pen-friend offers to go shopping for you. Write out a list of things you'd like him/her to get for various people. An example is given, but you can ignore it if you wish:

Pour mon père — une bouteille de calvados

Pour .... — ....

Pour .... — ....

Pour .... — ....

Pour .... — ....

Pour .... — ....

Task 4 Comment ça s'appelle en français?

[U8] **a** Look at these eight objects which need washing up. Write their French names below:

un bol   une bouteille
un couteau   une cuiller
un verre   une fourchette
une assiette une tasse

1 *une cuiller*   2 *une bouteille*   3 *un bol*
4 *une fourchette*   5 *une assiette*   6 *une tasse*
7 *un verre*   8 *un couteau*

b Look at the eight objects on this table. Write their French names below:

le lait   le sucre
le pain   le vinaigre
le poivre la moutarde
le sel   l'eau

Now check your answers with the cassette.

1 *le poivre*   2 *le sucre*   3 *le lait*
4 *le vinaigre*   5 *l'eau*   6 *la moutarde*
7 *le pain*   8 *le sel*

Task 5 Mots croisés

U8 Fill in the horizontal words from the pictures, and then copy out the new word you have made. It is something to do with mealtimes, but not a very nice part!

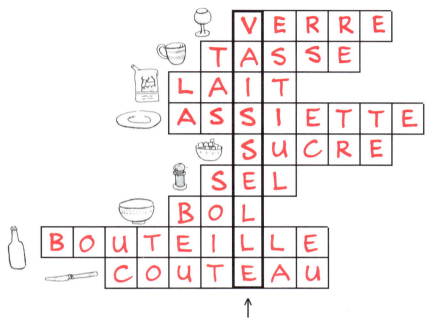

The word is: __VAISSELLE__

Task 6 Passe-moi … !

U8 Listen to some people asking you to pass eight different things to them. Write in the correct number by each item. Then write down in French how you would ask for the two remaining items:

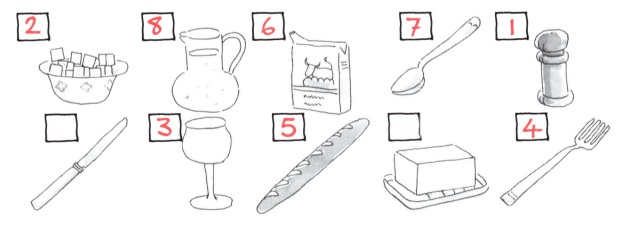

— Passe-moi … un couteau … , s'il te plaît.

— Passe-moi le beurre, s'il te plaît.

Task 7 Pour être poli(e)

Practise with a partner asking for things to be passed to you. Your partner pretends to be members of the Legrand family, and you must ask him/her to pass you the items shown:

Remember to use *Passe-moi . . . , s'il te plaît* if (s)he is Pierre/Marie, and *Passez-moi . . . , s'il vous plaît* if (s)he is an adult. As the object is passed, (s)he says *Voilà*:

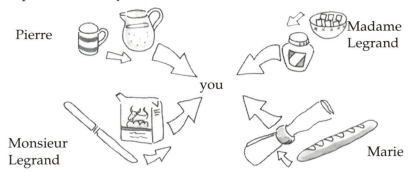

le	eau
la	tasse
l'	moutarde
un	sucre
une	pain
	serviette
	lait
	couteau

Try some more examples with your own objects.

Task 8 Voici mes distractions

Listen to these five people saying what they like and dislike. Put a tick (like) or a cross (dislike) in the correct boxes to show what they say:

	🏠	🏠	📽	🏃	🏘	🌲	🎾	🍗	🐟	📺
Joëlle			✓							✗
Jean-Claude	✗	✓								
Mireille				✗			✓			
Laurent					✗	✓				
Ives								✓	✗	

Task 9 J'aime . . . Je n'aime pas

Here is a whole range of things you may like or dislike. Write down what you think of them using:

J'adore . . . .
J'aime (beaucoup) . . .
Je n'aime pas (tellement) . . .
Je déteste . . .

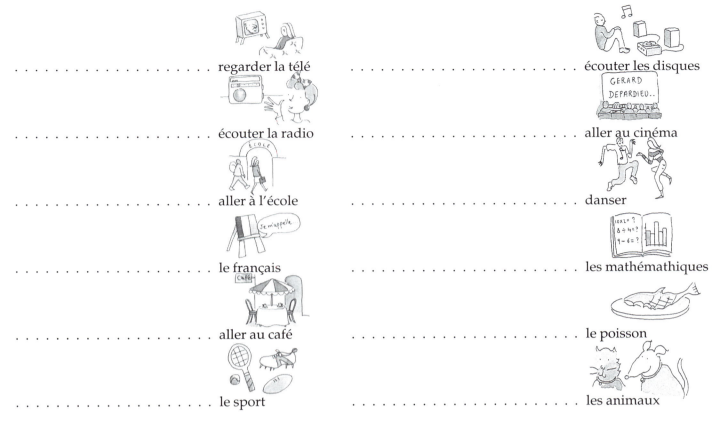

.... regarder la télé	.... écouter les disques
.... écouter la radio	.... aller au cinéma
.... aller à l'école	.... danser
.... le français	.... les mathémathiques
.... aller au café	.... le poisson
.... le sport	.... les animaux

 Find a few more likes/dislikes to add to these, and discuss them with your partner:

A—*J'aime ... Et toi?*
B—*Moi aussi, j'aime ça!*
A—*Je déteste ... Et toi?*
B—*Non, j'adore ça!* etc.

When you have practised the conversation, why not record it?

Task 10 C'est combien?

Listen to these people asking how much the following things cost. Fill in the prices as you hear them:

1. CARTES — 2,00 F.
2. COLA — 6,50 F.
3. POMMES — 8,00 F. le kilo
4. T-SHIRTS — 55 F.
5. CARAMELS — 5,75 F.
6. DERNIERS TUBES — 40 F.

Task 11 Qu'est-ce qu'ils disent?

[Gen] Fill in the speech balloons by choosing the correct phrases from those given in the box:

> Bon voyage!
> Au secours!
> Excusez-moi!
> C'est délicieux!
> Voilà!
> Quelle horreur!
> Bienvenue!
> Bonne nuit!
> Bon anniversaire!
> Enchanté!

1. Bienvenue!
2. Bon anniversaire!
3. Bonne nuit!
4. Au secours!
5. Bon voyage!
6. Quelle horreur!
7. C'est délicieux!

Now check your answers from the cassette and draw your own version of other phrases.

Task 12 Que veux-tu?

[U9] Here are ten useful items you might need. Complete the names of eight of them opposite, and then add the names of the other two:

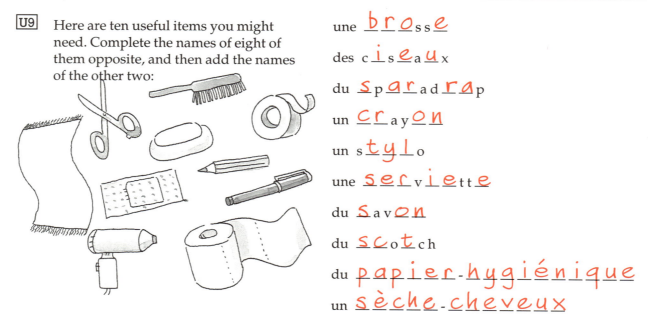

une **brosse**
des c**i**s**e**a**u**x
du **s**p**ar**ad**ra**p
un **cr**ay**on**
un s**tyl**o
une **ser**vi**e**tte
du **s**av**on**
du **sc**o**t**ch
du **papier-hygiénique**
un **sèche-cheveux**

Task 13 L'argent français

These are French coins and notes:

Look at the following amounts of French money and write down the totals:

= 20,80F

= 55F

= 63F

= 70F

= 180F

Now make up the following amounts by drawing the notes and coins you could use:

2,10F =

8,20F =

22,90F =

5,60F =

11,80F =

71,25F =

Now try and work out how much change you get back after buying these items:

Item and cost	Amount given	Change received
1 t-shirt 48F	50F	2F
1kg. pommes 6,50F	7F	0,50 F
1 bouteille d'Orangina 5,75F	10F	4,25 F
1 poster 28F	50F	22 F
6 cartes postales 10,80F	12F	1,20 F

Section 3 *Units 13–18*

Task 1 **Ça se trouve où?**

U13 Imagine you are in a town in France. You are looking for the following places:

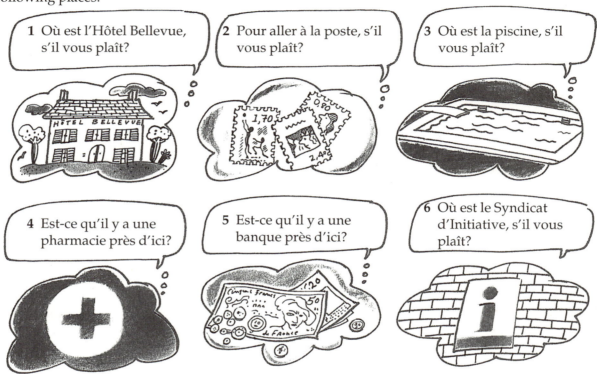

1 Où est l'Hôtel Bellevue, s'il vous plaît?
2 Pour aller à la poste, s'il vous plaît?
3 Où est la piscine, s'il vous plaît?
4 Est-ce qu'il y a une pharmacie près d'ici?
5 Est-ce qu'il y a une banque près d'ici?
6 Où est le Syndicat d'Initiative, s'il vous plaît?

Listen to the directions, and write the number of each place in the right box on the map:

Task 2 Indique le bon chemin

U13 Here are some directions you could give to people to tell them how to get somewhere:

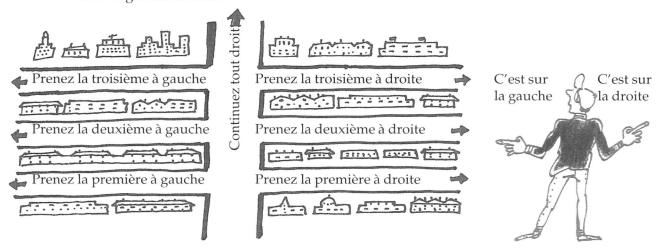

- **a** Listen to these six people asking the way to these places and work out directions. A gap is left on the tape for you to answer:

1. Pour aller à la gare, s'il vous plaît?
2. Pour aller au cinéma, s'il vous plaît?
3. Pour aller au parc, s'il vous plaît?
4. Pour aller à la banque, s'il vous plaît?
5. Pour aller à la mairie, s'il vous plaît?
6. Pour aller à l'hôpital, s'il vous plaît?

If you have another tape recorder available, you could record these questions and answers.

- **b** Work in pairs. **Partner A** asks how to get to one of these places.

  (*Pour aller au/à la/à l'/aux ... , s'il vous plaît?*)

  Partner B decides where places are on the main plan, and gives directions.

> le camping
> le port
> la piscine
> la station-service
> l'auberge de jeunesse

19

Task 3 C'est indiqué

Imagine you are on holiday in France and see these signs. Work out what you would say to the driver in English to explain how to get to:

a the campsite   b the supermarket   c the supermarket with petrol

a    b    c

Task 4 Qu'est-ce qu'il y a?

e.g. Y a-t-il une cabine téléphonique? ... Oui, il y a une cabine téléphonique.

e.g. Y a-t-il un centre sportif? ... Non, il n'y a pas de centre sportif

Y a-t-il un magasin? ... Oui, il y a un magasin.

Y a-t-il un terrain de football? ... Oui, il y a un terrain de football.

Y a-t-il un cinéma? ... Non, il n'y a pas de cinéma.

Y a-t-il une gare? ... Non, il n'y a pas de gare.

Y a-t-il un hypermarché? ... Non, il n'y a pas d'hypermarché.

Y a-t-il une station-service? ... Oui, il y a une station service.

Y a-t-il un arrêt d'autobus? ... Oui, il y a un arrêt d'autobus.

Y a-t-il un bureau de poste? ... Non, il n'y a pas de bureau de poste.

Y a-t-il une banque? ... Non, il n'y a pas de banque.

Y a-t-il un café? ... Oui, il y a un café.

Then check your answers with the cassette.

Task 5 Qu'est-ce que tu voudrais faire?

[U14] Here are some things that people might want to do, and the questions they could ask to find where to go. Match them up by joining them correctly. The first one is done for you:

Je voudrais voir un film. — Y a-t-il un cinéma près d'ici?
Je voudrais acheter des timbres. — Y a-t-il un bureau de poste près d'ici?
Je voudrais avoir un plan de la ville. — Y a-t-il un Syndicat d'Initiative près d'ici?
Je voudrais acheter de l'aspirine. — Y a-t-il une pharmacie près d'ici?
Je voudrais encaisser un chèque. — Y a-t-il une banque près d'ici?
Je voudrais acheter des provisions. — Y a-t-il un supermarché près d'ici?
Je voudrais téléphoner à mon ami(e). — Y a-t-il une cabine téléphonique près d'ici?
Je voudrais faire une promenade. — Y a-t-il un parc près d'ici?

Then check your answers with the cassette.

Task 6 Je ne peux pas trouver . . . !

[U15] Find twelve words in the wordsearch grid for objects you have lost, and write them out:

le **passeport**
le **disque**
le **scotch**
la **montre**
les **cassettes**
le **stylo**
les **lunettes**
le **peigne**
la **gomme**
la **valise**
la **brosse**
le **sac**

P	A	S	S	E	P	O	R	T
D	K	E	E	O	L	Y	T	S
I	P	R	T	W	E	E	C	S
S	E	T	T	E	S	S	A	C
Q	I	N	E	M	S	I	S	O
U	G	O	N	M	O	L	X	T
E	N	M	U	O	R	A	T	C
F	E	H	L	G	B	V	F	H

Then practise asking your partner if (s)he has seen these things:

e.g. **A** — *Tu as vu mon/ma/mes . . . ?*
     B — *Non, je suis désolé(e)* or *Oui, dans la cuisine*, etc.

Task 7 Objets perdus, objets trouvés

Read the following notices and for each one write down in English:

Trouvé
près de la gare
samedi matin
appareil-photo japonais
"Manika"

Perdu – lundi après-midi
près de la Mairie
sac à main en cuir jaune
contenant porte-monnaie
avec 200F

Perdue!!!!
Montre suisse en or
marque "Tempus"
week-end 7–8 juillet
centre-ville.
Récompense!!!

Trouvé
place du Marché
dimanche soir
gant (cuir bleu)

a What the object is (giving as many details as possible)
b Whether it is lost or found
c Where and when it was lost/found.

Task 8 Où se trouve?

Marie is telling her sister where various things are. Can you add the missing words?

Ta raquette?

Elle est .**dans**.. l'**armoire**

Ton stylo?

Il est .**sous**... ton .**lit**....

Ta lettre?

Elle est .**sur**... la **table**

Ton dictionnaire?

Il est .**sous**.. la **chaise**.

Ton transistor?

Il est .**sur**... ton .**lit**....

Ton T-shirt?

Il est **derrière** la **porte**...

| sur sous dans derrière table chaise lit porte |
| fenêtre commode armoire bureau mur |

Now check your answers with the cassette.

Task 9 Je ne trouve pas!

U15 Here are six items that Frédéric has lost. Listen to him asking where they are. When his parents say where they are, write the number of the object in the correct place on the picture of his bedroom:

1 les chaussures
2 les chaussettes
3 l'argent
4 les cartes-postales
5 les boules
6 le papier et les enveloppes

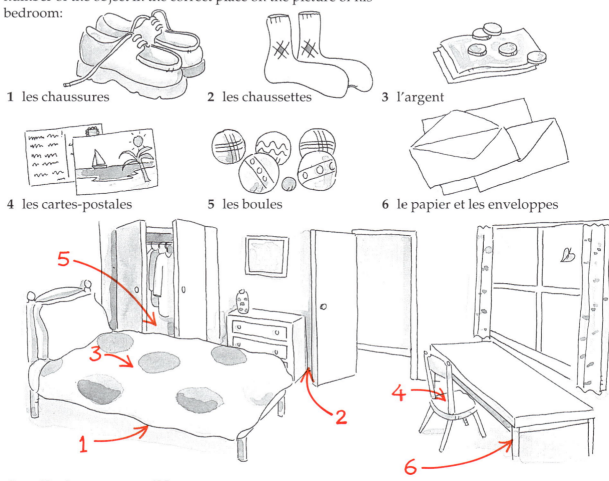

Task 10 Quelle heure est-il?

U17 Listen to these ten people telling you what the time is, and draw in the time on the clocks:

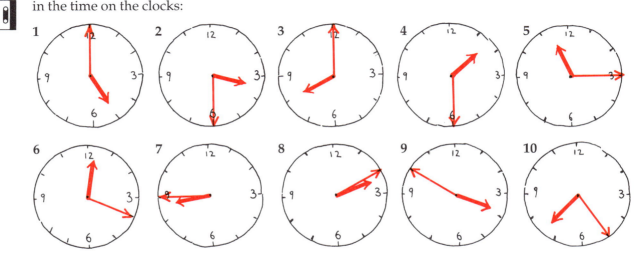

Task 11 A quelle heure . . . ?

On some of these posters, timetables, etc., the times given are wrong and need updating. Listen to the cassette, and if the time is correct, put a tick. If it is wrong, circle it, and write down the correct time:

1 «DISCO» Samedi 3 juin (19h 30) 20F — 20h 00

2 Les banques sont ouvertes de 9h 30 à 12h 30 et de 14h à 18h 30 ✓

3 DÉPARTS
Départ	Destination	Quai
(13h 25)	Amiens	1
13h 40	Desvres	3
13h 45	Calais	5

13h 15

4 BATMAN . . . avec Pip Estrelle séances 18h 00 et 21h 00 ✓

5 HEURES D'OUVERTURE 8h 30 – 12h 30 14h 30 – 18h 30 ✓

6 •PIZZA•••• à emporter de (16h 00) à 19h 30 ✓ — 17h 00 ✓

Task 12 Qu'est-ce qu'ils demandent?

These people are in a tourist office asking for the items illustrated. Write the names in the spaces provided:

Donnez-moi un __dépliant__, s'il vous plaît.

Avez-vous un __horaire__ des trains, s'il vous plaît?

Je voudrais une __liste__ d'__hôtels__, s'il vous plaît.

Je cherche un __plan__ de la __ville__, s'il vous plaît.

Then check your answers with the cassette.

With a partner, make these four requests into a short dialogue. You can do the asking. Your partner can give you the items (*Voilà*), and ask if that's all you want (*C'est tout?*); or (s)he can say that they haven't any (*Je suis désolé(e), nous n'en avons plus*).

Section 4 Units 19–24

Task 1 Quoi faire... et quand?

U19 Imagine that you are planning your week's stay in France. You want to go to all of the places advertised here. Fill in the diary page, using only one activity for each day.

Château du Lac
Fermé le jeudi

«DISCO»
Lundi 3 juin

Festival Folklorique
Samedi 8 juin
Dimanche 9 juin

**RESTAURANT
– DUCLOS –**
fermé le dimanche

Concert
mardi 4 juin

Musée Régional
fermé le mercredi

Nous organisons une boum vendredi soir – tu veux venir?

Monday	3	Disco
Tuesday	4	Concert
Wednesday	5	Castle / Restaurant
Thursday	6	Museum / Restaurant
Friday	7	Party
Saturday	8	Castle / Festival Museum / Restaurant
Sunday	9	Castle / Festival

Task 2 Débrouille-toi!

U19, 24 a In this wordsearch, try to find the days of the week. When you have found them, copy them out in the correct order:

1. lundi
2. mardi
3. mercredi
4. jeudi
5. vendredi
6. samedi
7. dimanche

D	M	E	R	C	R	E	D	I	V
P	L	X	Y	A	U	M	V	N	E
L	U	Z	M	S	T	J	Y	W	N
Z	N	K	A	A	J	E	I	B	D
A	D	Q	R	R	W	U	X	C	R
U	I	P	D	V	D	D	G	H	E
N	O	T	I	E	M	I	L	S	D
D	I	M	A	N	C	H	E	F	I
C	G	B	Q	F	O	K	E	R	D
H	P	I	S	A	M	E	D	I	J

b Unscramble these words to find the months of the year. When you have worked them out, copy them out in the correct order:

AMI	1	*janvier*
ESTPERBME	2	*février*
NJVEIAR	3	*mars*
TUAO	4	*avril*
CEEEDMRB	5	*mai*
VIRAL	6	*juin*
BCRTOOE	7	*juillet*
UJNI	8	*août*
RFVIEER	9	*septembre*
LLTUEIJ	10	*octobre*
ONMREBVE	11	*novembre*
SRMA	12	*décembre*

Task 3 Y vont-ils?

U19

Listen to these five people being invited to go to different places. Listen carefully to their answers. If they want to go, put a tick in the box; if not, a cross. Then write in either *Oui, je veux bien* or *Non, merci*:

1 Tu veux aller au cinéma? ☒ *Non, merci.*

2 Tu veux aller à la disco? ☑ *Oui, je veux bien.*

3 Tu veux aller au concert? ☒ *Non, merci.*

4 Tu veux aller au zoo? ☒ *Non, merci.*

5 Tu veux aller au barbecue? ☑ *Oui, je veux bien.*

Task 4 Tu voudrais venir?

Here is a note inviting someone to go somewhere, and two possible replies, one accepting, the other turning down the invitation. Write a similar invitation to a partner; (s)he can then write a reply:

Invitation

Il y a *un concert* (1) ce soir *à huit heures* (2)
Veux-tu y aller avec moi?

1. un concert/une disco/une boum/ un barbecue/un bal, etc.
2. à .... heures ....
3. à la disco/à la boum/au concert/ au barbecue/au bal, etc.

Replies

Merci pour ton invitation. Oui, je veux bien aller *au concert* (3) avec toi.

Merci pour ton invitation. Je suis désolé(e). Je ne peux pas aller *au concert* (3) avec toi.

Task 5 C'est quelle ligne?

The illustrations below show which buses some tourists are planning to catch to get to certain places. Listen to the cassette, and put a tick or a cross in the boxes to show whether they are going for the right bus:

1. (bus 12) parc? ✓
2. (bus 23) centre-ville? ✗ (24)
3. (bus 18) gare? ✗ (19)
4. (bus 32) Hôtel de Ville? ✓
5. (bus 9) place du marché? ✓
6. (bus 14) piscine municipale? ✗ (15 or 20)

Now practise in pairs. **Partner A** is a tourist in Lyons; **Partner B** knows which buses go where:

e.g. A — *Je voudrais aller à Saint-Cyr. C'est quelle ligne, s'il vous plaît?*
B — *C'est la ligne numéro vingt.*

Ligne	Destination
9	Bron
11	Villeurbanne
20	Saint-Cyr
30	Francheville
33	Caluire

Task 6 A la gare

U21 Imagine you are in France in and around a railway station. You are with someone who doesn't know any French. Which sign should you be looking for if your English-speaking friend said the following things?

1 I wonder where the station is? **b**
2 Where can we get tickets? **j**
3 Where's the waiting room? **d**
4 I'd like to change some more money! **e**
5 What time does our train leave? **f**
6 Where's the exit? **c**
7 There must be an underground station here! **g**
8 I need the loo! **i**
9 Is there somewhere we can leave our cases? **a**
10 Which is the way to the platforms? **h**

a Consigne automatique
b SNCF
c Sortie Gare Routière
d Salle d'attente
e Bureau de Change
f SNCF Départ
g MÉTRO
h Accès aux quais
i Toilettes
j BILLETS

Task 7 A quelle heure? ... quel quai?

U21 Imagine you are helping the English people below to find out the times of the next train to their destinations, and the platform numbers. Listen carefully to the cassette, and jot down the information in the spaces provided:

1 Le prochain train pour Paris part à quelle heure, s'il vous plaît?
Next train to Paris at ... 9h 20 ... from platform ... 3 ...

2 Le prochain train pour Lyon part à quelle heure, s'il vous plaît?
Next train for Lyons at ... 11h 10 ..., platform ... 4 ...

3 Le prochain train pour Marseille part à quelle heure, s'il vous plaît?
Next train → Marseilles ... 14h 30 ... platform ... 2 ...

4 Le prochain train pour Nantes part à quelle heure, s'il vous plaît?
Nantes train leaves at ... 17h 05 ... from platform ... 9 ...

5 Le prochain train pour Bordeaux part à quelle heure, s'il vous plaît?
Next Bordeaux train ... 20h 45 ..., platform ... 5 ...

Task 8 Pas tous en même temps!

U22 The members of your family are impossible! You've stopped at a petrol station in France, and now they're all talking to you at once, expecting you to be their interpreter. What would you say? Fill in the boxes with the correct numbers:

1 Avez-vous des cartes routières?
2 C'est loin, l'autoroute?
3 Pour aller à Rennes, s'il vous plaît?
4 Voulez-vous vérifier les pneus, s'il vous plaît?
5 Où sont les toilettes?
6 Voulez-vous vérifier l'huile, s'il vous plaît?
7 Faites le plein de super, s'il vous plaît!

Task 9 Mots croisés

U21,22 If you fill in the names of the things illustrated, you'll discover something very important to a car driver:

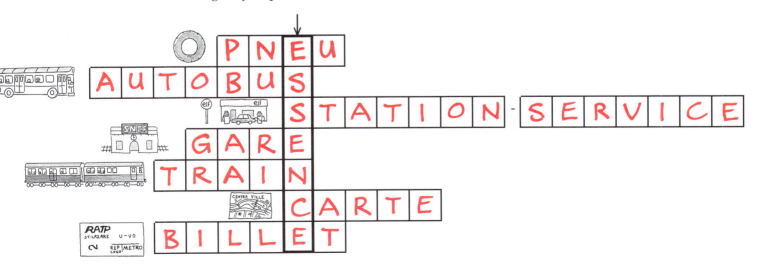

The French word is ESSENCE and it means PETROL

Task 10 A la station-service

Add the correct word to complete what these people are asking for at a petrol station:

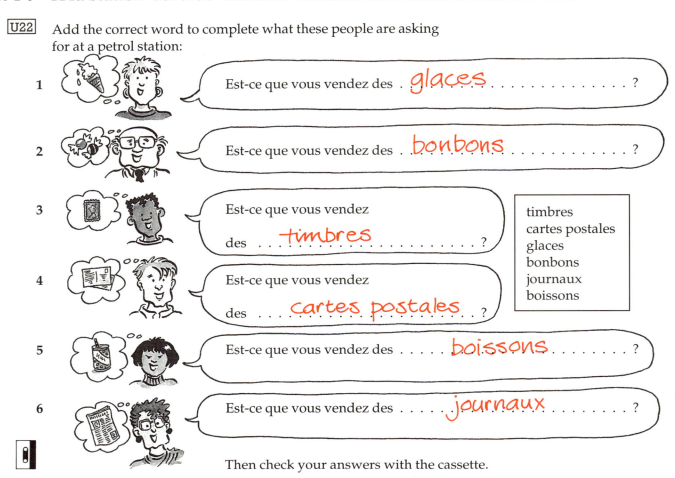

1. Est-ce que vous vendez des glaces?
2. Est-ce que vous vendez des bonbons?
3. Est-ce que vous vendez des timbres?
4. Est-ce que vous vendez des cartes postales?
5. Est-ce que vous vendez des boissons?
6. Est-ce que vous vendez des journaux?

timbres
cartes postales
glaces
bonbons
journaux
boissons

Then check your answers with the cassette.

Task 11 En panne!

Three of the cars on this map have broken down. Listen to their owners phoning for help and try to find out where they are. As you locate them, write 1, 2 and 3 next to the right cars:

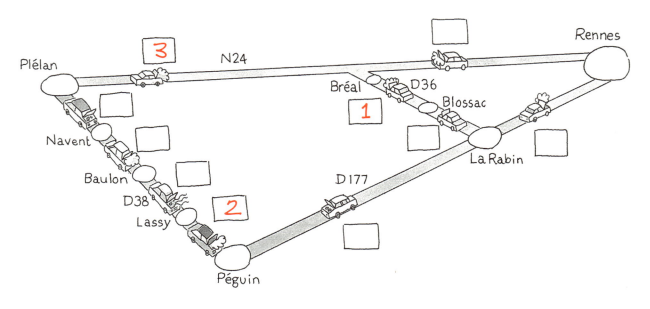

Section 5 *Units 25–30*

Task 1 Qui parle à qui?

U25

a Here are some people speaking to one another on the telephone. Sort out who is speaking to whom, and write the names in the spaces provided:

Yves — Qui est-ce?

Anne-Marie — Est-ce que je peux parler à Roger?

Sylvie — C'est bien le 21 22 12?

Martin — A quelle heure il va rentrer?

Mireille — Tu veux laisser un message?

Jean-Jacques — Oui, c'est ça!

Dominique — Je ne sais pas!

Jean — C'est Jean à l'appareil.

Simon — Non, ce n'est pas urgent.

Etienne — Non, il n'est pas là.

1 *Yves* parle à *Jean*
2 *Anne-Marie* parle à *Étienne*
3 *Sylvie* parle à *Jean-Jacques*
4 *Martin* parle à *Dominique*
5 *Mireille* parle à *Simon*

When you have worked out who is speaking to whom, check your answers from the cassette.

b With a partner, try to rearrange these questions/answers into one single phone call. You can add *Allô*, *Merci*, and *Au revoir*, and you can join some of the things that are said together. One possibility is recorded for you.

Task 2 Mon adresse en France

Imagine you are staying in France with one of these families:

```
Famille DUPONT
16, avenue de la Gare
5105 DRANCY
Tél: 26 09 29 14
```

```
Famille DURAND
32, rue de Rennes
2302 MARLY
Tél: 55 31 22 16
```

You and your partner should choose a family each. Fill in your details, and then practise the dialogue:

Où habites-tu?

J'habite chez la famille . . . .

Quelle est ton adresse?

C'est . . . .

. . . .

Et ton numéro de téléphone?

C'est le . . . .

You can hear two similar dialogues on the cassette.

Task 3 C'est le . . .

Listen to these people giving their telephone numbers. Their names are written down, but the numbers are missing. Jot down the numbers in the spaces provided:

1 **Pierre Lefèvre**
Tél: 35 32 10 60

2 **Anny Laroche**
Tél: 54 12 45 66

3 **Gaëlle Plon**
Tél: 46 70 09 80

4 **Christine Leroux**
Tél: 43 45 55 66

5 **Thierry Dupont**
Tél: 25 90 82 71

Cassette transcript

Section 1 Units 1–6

Task 1 Questions—réponses

— Tu es Français?
— Oui, je suis Français.
— Comment t'appelles-tu?
— Je m'appelle Alain Forestier.
— Quel âge as-tu?
— J'ai dix-sept ans.
— Où habites-tu?
— J'habite à Paris.
— Tu as des frères ou des sœurs?
— Oui, j'ai un frère et deux sœurs.

Task 2 Une interview

— Bonjour.
— Comment t'appelles-tu?
— Quel âge as-tu?
— Où habites-tu?
— Tu habites une maison ou un appartment?
— Tu as des frères ou des sœurs?
— Tu as des animaux?

Task 3 Qui est absent?

— Bonjour. Je suis Richard, Richard Gardin.
— Salut! Je m'appelle Jean-Claude, Jean-Claude Rousseau.
— Bonjour, Morgane Renard ... R-E-N-A-R-D.
— Bonjour, c'est Christine, Christine Letourneur.
— Mon nom est Galinier, Pascale Galinier.
— Salut! Je suis Dominique, Dominique Barbier.

Task 4 Que font-ils dans la vie?

— Alain est employé de banque.
— Christine est caissière.
— Monsieur Lagrange est chauffeur de taxi.
— Madame Lefèvre est professeur.
— Monsieur Delacroix est fermier.
— Jean-Paul est garçon de café.
— Madame Maurois est médecin.
— Sylvie est coiffeuse.

Task 6 D'où viennent-ils?

1 — Je m'appelle Jean-Michel. J'habite à Châteauroux, qui se trouve dans le centre de la France.

2 — Eh bien, moi, je m'appelle Catherine. Je viens de Perpignan, dans le sud de la France.

3 — Moi, je suis Anny, et j'habite dans l'ouest de la France, à Saintes.

4 — Mon nom est Thierry. La ville où j'habite s'appelle Amiens. Ça se trouve dans le nord de la France.

5 — Je m'appelle Monique. Je viens de Besançon, qui se trouve dans l'est de la France.

Task 9 Deux interviews

a — Comment tu t'appelles?
— Mireille Bigaut.
— Comment ça s'écrit, Bigaut?
— B-I-G-A-U-T.
— Et tu as quel âge, Mireille?
— J'ai dix-sept ans.
— Tu as des frères ou des sœurs?
— J'ai un frère, mais je n'ai pas de sœur.
— Tu n'es pas Française, je crois?
— Non, je suis Belge.

b — Tu es Français, n'est-ce pas, Marcel?
— Oui, c'est ça.
— Où habites-tu exactement?
— J'habite dans le sud de la France près de Toulon. C'est un petit village qui s'appelle Ste. Anne. C'est à 30 kilomètres environ de Toulon.
— Tu vas souvent à Toulon?
— Oui, bien sûr. Il n'y a pas de gare chez nous ... pas de train, donc je prends le bus.
— Ça prend combien de temps?
— Je ne sais pas ... 50 minutes? Quelque chose comme ça.

Task 10 C'est qui?

1 — Une de mes copines s'appelle Suzanne. Elle est grande, très grande, et mince. Elle a les cheveux longs et noirs. Et elle porte des lunettes.

2 — J'ai un copain qui s'appelle Karim. Il est petit avec les cheveux bruns coupés très courts.

3 — Une autre copine s'appelle Isabelle. Elle est petite aussi et assez grosse. Elle a les cheveux noirs bouclés.

4 — Michel, lui, est grand et mince. Il a les cheveux très courts et noirs. Il ne porte pas de lunettes.

5 — Simone, mon autre copine, a les cheveux longs et blonds. Elle est la petite amie de Jean.

6 — Jean est grand. Il porte des lunettes, et il a les cheveux blonds frisés. C'est lui le petit ami de Simone.

Task 12 En ville

a 1 — C'est un cinéma.
2 — C'est une gare.
3 — C'est un bureau de poste.
4 — C'est une discothèque.
5 — C'est un stade.
6 — C'est une banque.
7 — C'est un parc.
8 — C'est une piscine.
9 — C'est un supermarché.
10 — C'est une bibliothèque.

b — Est-ce qu'il y a un stade près du collège?
— Oui, il y en a un à deux kilomètres d'ici.
— Est-ce qu'il y a une gare près du collège?
— Oui, il y en a une à un kilomètre d'ici.
— Est-ce qu'il y a un supermarché près du collège?
— Non, il n'y en a pas.
— Est-ce qu'il y a un bureau de poste près du collège?
— Non, il n'y en a pas.

Section 2 Units 7–12

Task 1 Bienvenue chez moi!

— Entre, je t'en prie!
— Merci.
— Donne-moi ton anorak!
— Voilà!
— Assieds-toi!
— Merci beaucoup.
— Tu veux une tasse de thé?
— Oui, j'ai très soif.
— Tu es fatigué(e)?
— Oui, un peu.
— Tu veux prendre une douche?
— Oui, je veux bien.

Task 2 Mon/ma/mes

ma mère, mon frère, mes parents, mon oncle, ma tante, mes grands-parents, mon copain, mon grand-père, ma copine, ma grand-mère

Task 4 Comment ça s'appelle en français?

a 1 une cuiller
2 une bouteille
3 un bol
4 une fourchette
5 une assiette
6 une tasse
7 un verre
8 un couteau

b 1 le poivre
2 le sucre
3 le lait
4 le vinaigre
5 l'eau
6 la moutarde
7 le sel
8 le pain

Task 6 Passe-moi . . . !

1 — Passe-moi le sel, s'il te plaît.
2 — Passe-moi le sucre, s'il te plaît.
3 — Passe-moi un verre, s'il te plaît.
4 — Passe-moi une fourchette, s'il te plaît.
5 — Passe-moi le pain, s'il te plaît.
6 — Passe-moi le lait, s'il te plaît.
7 — Passe-moi une cuiller, s'il te plaît.
8 — Passe-moi l'eau, s'il te plaît.

Task 8 Voici mes distractions

Joëlle:
— Je ne regarde pas beaucoup la télévision. Je n'aime pas la télé, mais ce que j'aime beaucoup c'est le cinéma. J'aime beaucoup aller au cinéma.

Jean-Claude:
— Je n'aime pas rester à la maison . . . rester à la maison, je trouve ça très ennuyeux. Je préfère sortir, c'est plus amusant.

Mireille:
— Je n'aime pas beaucoup le sport. Par exemple, je n'aime pas du tout le football, mais j'adore le tennis!

Laurent:
— J'habite à la campagne, et j'aime beaucoup ça. La ville, je n'aime pas du tout ça. Je n'aimerais pas du tout habiter en ville.

Yves:
— J'aime beaucoup manger du poulet ... le poulet, je trouve ça délicieux, mais le poisson, non, ça je n'aime pas du tout. Le poisson, je trouve ça horrible!

Task 10 C'est combien?

1. — C'est combien, les cartes postales, s'il vous plaît?
   — Les cartes postales? 2,00F la pièce.
2. — C'est combien les bouteilles de coca cola, s'il vous plaît?
   — Coca cola? 6,50F.
3. — C'est combien, les pommes, s'il vous plait?
   — Les golden? 8,00F le kilo.
4. — C'est combien, les t-shirts, s'il vous plaît?
   — 55,00F.
5. — C'est combien, les paquets de bonbons?
   — Les caramels? 5,75F le paquet.
6. — C'est combien, les cassettes?
   — Celles-ci? 40,00F.

Task 11 Qu'est-ce qu'ils disent?

1. — Bienvenue!
2. — Bon anniversaire!
3. — Bonne nuit!
4. — Au secours!
5. — Bon voyage!
6. — Quelle horreur!
7. — C'est délicieux!

Section 3 *Units 13–18*

Task 1 Ça se trouve où?

1. — Où est l'Hôtel Bellevue, s'il vous plaît?
   — L'Hôtel Bellevue? Eh bien, vous prenez la première rue à gauche, et c'est sur la droite.
   — Merci.
2. — Pour aller à la poste, s'il vous plaît?
   — La poste? Vous continuez tout droit, tout droit ... c'est droit devant vous.
   — Merci beaucoup.
3. — Pardon, monsieur. Où est la piscine, s'il vous plaît?
   — Vous prenez la deuxième rue à droite, et c'est sur la gauche.
   — Merci.
   — De rien.
4. — Pardon, madame. Est-ce qu'il y a une pharmacie près d'ici?
   — Oui. Vous prenez la troisième rue à droite. Il y en a une sur la gauche.
   — Merci bien.
5. — Pardon, mademoiselle. Est-ce qu'il y a une banque près d'ici?
   — Oui, il y en a une dans la première rue à droite. Ça se trouve sur la droite.
   — Merci.
   — Pas de quoi.
6. — Pardon, où est le Syndicat d'Initiative, s'il vous plaît?
   — Le Syndicat d'Initiative? Eh bien ... vous prenez la troisième rue à gauche ... je crois que c'est sur la gauche ... oui, c'est ça, c'est sur la gauche.
   — Merci beaucoup.
   — De rien.

Task 2 Indique le bon chemin!

1. — Pour aller à la gare, s'il vous plaît?
2. — Pour aller au cinéma, s'il vous plaît?
3. — Pour aller au parc, s'il vous plaît?
4. — Pour aller à la banque, s'il vous plaît?
5. — Pour aller à la mairie, s'il vous plaît?
6. — Pour aller à l'hôpital, s'il vous plaît?

Task 4 Qu'est-ce qu'il y a?

Exemple:
— Y a-t-il une cabine téléphonique?
— Oui, il y a une cabine téléphonique.
— Y a-t-il un centre sportif?
— Non, il n'y a pas de centre sportif.

— Y a-t-il un magasin?
— Oui, il y a un magasin.
— Y a-t-il un terrain de football?
— Oui, il y a un terrain de football.
— Y a-t-il un cinéma?
— Non, il n'y a pas de cinéma.
— Y a-t-il une gare?
— Non, il n'y a pas de gare.

—Y a-t-il un hypermarché?
—Non, il n'y a pas d'hypermarché.
—Y a-t-il une station-service?
—Oui, il y a une station-service.
—Y a-t-il un arrêt d'autobus?
—Oui, il y a un arrêt d'autobus.
—Y a-t-il un bureau de poste?
—Non, il n'y a pas de bureau de poste.
—Y a-t-il une banque?
—Non, il n'y a pas de banque.
—Y a-t-il un café?
—Oui, il y a un café.

Task 5 Qu'est-ce que tu voudrais faire?

—Je voudrais voir un film. Y a-t-il un cinéma près d'ici?
—Je voudrais acheter des timbres. Y a-t-il un bureau de poste près d'ici?
—Je voudrais avoir un plan de la ville. Y a-t-il un Syndicat d'Initiative près d'ici?
—Je voudrais acheter de l'aspirine. Y a-t-il une pharmacie près d'ici?
—Je voudrais encaisser un chèque. Y a-t-il une banque près d'ici?
—Je voudrais acheter des provisions. Y a-t-il un supermarché près d'ici?
—Je voudrais téléphoner à mon ami(e). Y a-t-il une cabine téléphonique près d'ici?
—Je voudrais faire une promenade. Y a-t-il un parc près d'ici?

Task 8 Où se trouve . . . ?

—Ta raquette? Elle est dans l'armoire.
—Ton stylo? Il est sous ton lit.
—Ta lettre? Elle est sur la table.
—Ton dictionnaire? Il est sous la chaise.
—Ton transistor? Il est sur ton lit.
—Ton T-shirt? Il est derrière la porte.

Task 9 Je ne trouve pas!

1 —Où sont mes chaussures? Je ne trouve pas mes chaussures!!
—Frédéric, tu es impossible!! Elles sont là, sous ton lit.
—Ah, oui, les voilà!
2 —Et mes chaussettes! Où sont mes chaussettes?
—Elles sont là-bas, derrière la porte!
3 —Et mon argent! Où est mon argent?
—Ton argent est sur ton lit!
—Ah oui, merci.
4 —Et où sont mes cartes postales? J'ai perdu mes cartes postales!
—Elles ne sont pas perdues, Frédéric! Elles sont sur la chaise là-bas!
5 —Où sont mes boules? Je voudrais jouer aux boules . . . où elles sont?
—Tes boules sont dans l'armoire!
6 —Je ne trouve pas mon papier, ni mes enveloppes non plus! Tu les as vus, maman?
—Ils sont sous la table. Tu n'as qu'à les chercher!

Task 10 Quelle heure est-il?

1 —Quelle heure est-il?
—Il est cinq heures.
2 —Quelle heure est-il?
—Il est trois heures et demie.
3 —Quelle heure est-il?
—Il est huit heures.
4 —Quelle heure est-il?
—Il est une heure est demie.
5 —Quelle heure est-il?
—Il est onze heures et quart.
6 —Quelle heure est-il?
—Il est midi vingt.
7 —Quelle heure est-il?
—Il est neuf heures moins le quart.
8 —Quelle heure est-il?
—Il est deux heures dix.
9 —Quelle heure est-il?
—Il est quatre heures moins dix.
10 —Quelle heure est-il?
—Il est sept heures vingt-cinq.

Task 11 A quelle heure?

1 —A quelle heure est-ce que la disco commence?
—Elle commence à 20h00.
2 —A quelle heure est-ce que la banque ouvre?
—Elle ouvre à 9h30.
3 —A quelle heure est-ce que le train pour Amiens part?
—Il part à 13h15.
4 —A quelle heure est-ce que le film commence?
—Il commence à 21h00.
5 —A quelle heure est-ce que le magasin ferme?
—Il ferme à 18h30.
6 —A quelle heure peut-on acheter une pizza?
—A partir de 17h00.
—Jusqu'à quelle heure?
—Jusqu'à 19h30.

Task 12 **Qu'est-ce qu'ils demandent?**

1 — Donnez-moi un dépliant, s'il vous plaît.
2 — Avez-vous un horaire des trains, s'il vous plaît?
3 — Je voudrais une liste d'hôtels, s'il vous plaît.
4 — Je cherche un plan de la ville, s'il vous plaît.

Section 4 *Units 19–24*

Task 3 **Y vont-ils?**

1 — Tu veux aller au cinéma ce soir? Il y a un très bon film au *Roxy*.
 — Aller au cinéma? Pas ce soir? Je suis très fatiguée.
2 — Il y a une disco à la maison des jeunes ce soir. Tu veux y aller?
 — A une disco? Oui, bien sûr! J'aime bien danser. C'est à quelle heure?
 — A huit heures.
 — Chouette!
3 — Il y a un concert de musique classique ce soir au collège. Tu veux y aller?
 — Bof! Je n'aime pas tellement la musique classique. Je préférerais rester à la maison ce soir et regarder la télé.
 — O.K. C'est comme tu veux.
4 — Tu veux aller au zoo cet après-midi? C'est pas loin. On peut y aller en autobus.
 — Non, je n'aime pas les zoos. Les animaux dans des cages, j'ai horreur de ça!
5 — Tu veux aller au barbecue ce soir?
 — Tu y vas, toi?
 — Oui, ça va être formidable!
 — O.K. C'est à quelle heure?
 — A partir de neuf heures.
 — A ce soir, alors!

Task 5 **C'est quelle ligne?**

1 — Pardon, monsieur, est-ce que ce bus va au parc?
 — Oui, c'est ça, la ligne 12.
2 — Pardon, madame, c'est bien la ligne 23 pour le centre-ville?
 — Non, non, c'est la ligne 24 qui va au centre-ville.
 — Ah bon! Merci.
3 — C'est bien ce bus pour la gare SNCF, s'il vous plaît?
 — La ligne 18? Non, il vous faut la ligne 19.
4 — Pardon, je voudrais aller à l'Hôtel de Ville. C'est bien la ligne 32?
 — Oui, c'est la ligne 32.
5 — La place du marché, c'est bien la ligne 9?
 — Oui, c'est ça, la 9.
 — Merci.
 — De rien.
6 — Pardon, monsieur, c'est quel bus pour la piscine municipale, s'il vous plaît?
 — C'est la ligne 15, ou la ligne 20 — toutes les deux.
 — Merci bien.
 — Pas de quoi.

Task 7 **A quelle heure? ... quel quai?**

1 — Le prochain train pour Paris part à quelle heure, s'il vous plaît?
 — Il part à neuf heures vingt.
 — Quel quai, s'il vous plaît?
 — Quai numéro 3.
2 — Le prochain train pour Lyon part à quelle heure, s'il vous plaît?
 — A onze heures dix.
 — Et le quai?
 — Quai numéro 4.
3 — Le prochain train pour Marseille part à quelle heure, s'il vous plaît?
 — Pour Marseille ... voyons ... il part à quatorze heures trente.
 — De quel quai?
 — Quai numéro 2.
4 — Le prochain train pour Nantes part à quelle heure, s'il vous plaît?
 — Nantes? ... euh ... dix-sept heures cinq.
 — Et le quai?
 — Quai numéro 9.
5 — Le prochain train pour Bordeaux part à quelle heure, s'il vous plaît?
 — Le prochain part à vingt heures quarante-cinq.
 — C'est quel quai, s'il vous plaît?
 — Quai numéro 5.

Task 10 **A la station-service**

1 — Est-ce que vous vendez des glaces?
2 — Est-ce que vous vendez des bonbons?
3 — Est-ce que vous vendez des timbres?

4 — Est-ce que vous vendez des cartes postales?
  5 — Est-ce que vous vendez des boissons?
  6 — Est-ce que vous vendez des journaux?

Task 11 En panne!

1 — Allô, Garage Marceau.
  — Bonjour, ma voiture est tombée en panne. Pouvez-vous m'aider?
  — Où êtes-vous exactement?
  — Je suis sur la D36
  — D36?
  — Oui, c'est ça. Je suis entre Bréal et Blossac.
  — Très bien. Je vais envoyer quelqu'un . . .

2 — Allô, Garage Marceau.
  — Bonjour, ma voiture est en panne. Pouvez-vous envoyer quelqu'un?
  — Vous êtes où exactement?
  — Je suis sur la D38.
  — La D38?
  — Oui, entre Lassy et Péguin.
  — Très bien. Je viens tout de suite . . .

3 — Allô, Garage Marceau.
  — Bonjour, ma voiture est tombée en panne. Pouvez-vous envoyer quelqu'un?
  — Où êtes-vous exactement?
  — Eh bien, je suis sur la Nationale 24 . . . entre Rennes et Plélan. Je suis très près de Plélan, en fait.
  — Très bien. A tout à l'heure . . .

Section 5 Units 25–30

Task 1 Qui parle à qui?

a 1 — Yves parle à Jean.
  2 — Anne-Marie parle à Etienne.
  3 — Sylvie parle à Jean-Jacques.
  4 — Martin parle à Dominique.
  5 — Mireille parle à Simon.

b (Phone rings)
  — Allô.
  — Allô. C'est bien le 21 22 12 30?
  — Oui, c'est ça!
  — Qui est-ce?
  — C'est Jean à l'appareil.
  — Est-ce que je peux parler à Roger?
  — Non, il n'est pas là. Tu veux laisser un message?
  — Non, ce n'est pas urgent. A quelle heure il va rentrer?
  — Je ne sais pas.
  — O.K., Merci. Au revoir.
  — Au revoir.

Task 2 Mon adresse en France

a — Où habites-tu?
  — J'habite chez la famille Dupont.
  — Quelle est ton adresse?
  — C'est 16, avenue de la Gare, 5105 Drancy.
  — Et ton numéro de téléphone?
  — C'est le 26 09 29 14.

b — Où habites-tu?
  — J'habite chez la famille Durand.
  — Quelle est ton adresse?
  — C'est 32, rue de Rennes, 2302 Marly.
  — Et ton numéro de téléphone?
  — C'est le 55 31 22 16.

Task 3 C'est le . . .

1 — Je m'appelle Pierre Lefèvre. Mon numéro de téléphone est le 35 32 10 60 . . . le 35 32 10 60.
2 — Je m'appelle Anny Laroche. Mon numéro de téléphone est le 54 12 45 66 . . . le 54 12 45 66.
3 — Je m'appelle Gaëlle Plon. Mon numéro de téléphone est le 46 70 09 80 . . . le 46 70 09 80.
4 — Je m'appelle Christine Leroux. Mon numéro de téléphone est le 43 45 55 66 . . . le 43 45 55 66.
5 — Je m'appelle Thierry Dupont. Mon numéro de téléphone est le 25 90 82 71 . . . le 25 90 82 71.

Task 4 Quel temps va-t-il faire?

a Le nord   Dans le nord de la France   L'ouest   Dans l'ouest de la France   L'est   Dans l'est de la France   Le sud   Dans le sud de la France   Le centre   Dans le centre de la France

Pleuvoir   Il va pleuvoir   Il pleuvra   Neiger   Il va neiger   Il neigera   Froid   Il va faire froid   Il

fera froid   Chaud   Il va faire chaud   Il fera chaud
Brouillard   Il va y avoir du brouillard   Il y aura
du brouillard   Soleil   Il va y avoir du soleil   Il y
aura du soleil   Beau   Il va faire beau   Il fera
beau   Orage   Il va y avoir de l'orage   Il y aura de
l'orage

b — Quel temps va-t-il faire demain?
— Eh bien, dans l'ouest de la France il va y avoir du brouillard... puis il va faire beau. Dans l'est il y aura du soleil, mais il va faire froid. Dans le centre il fera chaud, mais il y aura de l'orage. Dans le sud il va faire très beau et très chaud. Mais dans le nord il pleuvra et il fera froid. C'est dommage, hein?

Task 8 A l'auberge de jeunesse

— La salle de jeux est au rez-de-chaussée. C'est faux, la salle de jeux est au sous-sol.
— La salle de télévision est au sous-sol. C'est faux, la salle de télévision est au première étage.
— La laverie-buanderie est au premier étage. C'est faux, la laverie-buanderie est au sous-sol.
— La cafétéria est au rez-de-chaussée. C'est vrai, la cafétéria est bien au rez-de-chaussée.
— La salle de séjour est au deuxième étage. C'est vrai, la salle de séjour est bien au deuxième étage.

Task 10 Quelle chambre?... Quel étage?

1 — Bonsoir nous avons une réservation... monsieur et madame Smith.
— Ah oui, bonsoir. Vous avez la chambre numéro 4, chambre avec salle de bains, télévision et téléphone. C'est au rez-de-chaussée.

2 — Bonsoir, monsieur. Je peux vous aider?
— Bonsoir. Je vous ai téléphoné hier pour réserver une chambre. Je m'appelle Brown.
— Mais oui, monsieur Brown. Vous avez la chambre 42, chambre avec douche et téléphone. C'est au troisième étage.

3 — Bonsoir, messieurs, dames. Vous désirez?
— Nous avons réservé une chambre... au nom de Khan.
— Khan... Khan... voilà. Vous avez la chambre 26 avec WC et douche. C'est au premier étage.

4 — Bonsoir. J'ai fait retenir une chambre au nom de Popadopoulos.
— Popadopoulos... Popadopoulos... ah, oui. Votre chambre est au rez-de-chaussée, madame Popadopoulos, la chambre numéro 11, chambre avec téléphone.

5 — Bonsoir. Vous avez encore une chambre libre pour deux personnes?
— Une chambre pour deux personnes?... oui, il m'en reste une au quatrième étage. C'est la chambre numéro 64, chambre avec douche, téléphone et télévision.

Section 6 *Units 31–36*

Task 2 Comment tu trouves...?

— Qu'est-ce que tu penses du concert?
— Comment tu trouves le match?
— Qu'est-ce que tu penses de ta chambre?
— Comment tu trouves le repas?
— Qu'est-ce que tu penses de la cathédrale?
— Comment tu trouves l'école?
— Qu'est-ce que tu penses du terrain de camping?
— Comment tu trouves l'hôtel?

délicieux, formidable, fantastique, chouette, confortable, joli, beau, énorme, intéressant, horrible, affreux, ennuyeux, sale, propre

Task 4 Il me faut...

du shampooing, du savon, du coton hydrophile, du sparadrap, de la crème antiseptique, des mouchoirs en papier, du dentifrice, de l'asprine

1 — Liste numéro un:
   du dentifrice et du shampooing
2 — Liste numéro deux:
   du coton hydrophile, du sparadrap et des mouchoirs en papier
3 — Liste numéro trois:
   du savon, de la crème antiseptique et de l'aspirine

Task 6 Ça fait mal où?

— J'ai mal à la gorge.
— J'ai mal au dos.
— J'ai mal aux yeux.
— J'ai mal à la tête.
— J'ai mal au ventre.
— J'ai mal aux pieds.
— J'ai mal aux dents.
— J'ai mal à l'oreille.

Task 7 **Tu es malade?**

1 — Qu'est-ce que tu as?
— J'ai la grippe.
— Tu veux de l'aspirine?
— Oui, je veux bien.
— Tu veux voir le docteur?
— Oui, je crois.

2 — Tu es malade?
— Je suis enrhumé.
— Tu veux une tasse de thé?
— Non merci, ça va.
— Je peux aller à la pharmacie, si tu veux.
— Non, ce n'est pas grave.

Task 8 **Je peux avoir un rendez-vous?**

1 — Allô, Cabinet Médical Simonet.
— Bonjour, je voudrais voir le docteur, s'il vous plaît. Je m'appelle Yves Dupont.
— Très bien, monsieur Dupont. Pouvez-vous venir lundi à dix heures?
— Lundi . . . dix heures . . . oui, ça me convient.

2 — Allô, Cabinet Médical Simonet.
— Bonjour, je m'appelle Edith Legrand. Je voudrais un rendez-vous avec le Docteur Simonet.
— Eh bien . . . mercredi, peut-être? . . . à deux heures?
— A deux heures mercredi, parfait.

3 — Allô, Cabinet Dentaire Martin.
— Bonjour. Je voudrais un rendez-vous avec le dentiste. Je m'appelle Serge Delacroix.
— Très bien, monsieur Delacroix. Disons vendredi . . . à onze heures . . . Ça va?
— Vendredi . . . à onze heures . . . c'est parfait. Merci.

4 — Allô, Cabinet Dentaire Martin.
— Bonjour, je m'appelle Delarue . . . Etienne Delarue. Est-ce que je peux avoir un rendez-vous avec monsieur Martin, s'il vous plaît?
— Je peux vous proposer mardi . . . à quatre heures et demie. Ça vous convient?
— Oui, c'est parfait. Merci, mardi, quatre heures et demie.

5 — Allô, Salon Perrier.
— Bonjour. Est-ce que je peux avoir un rendez-vous jeudi?
— Jeudi? Voyons . . . oui . . . à cinq heures?
— Oui . . . cinq heures me convient à merveille.
— C'est à quel nom, s'il vous plaît?
— C'est Sylvie Rigault . . . R-I-G . . . (*fade*)

Task 10 **Qu'est-ce qu'on fait ensemble?**

— J'adore aller au cinéma. Je trouve ça extra! Par contre, je n'aime pas aller aux discos car je n'aime pas la musique pop et je ne sais pas danser, et de toute façon je trouve ça stupide! Je suis sportive et j'aime tous les sports. J'aime le tennis, la natation aussi . . . j'adore aller à la piscine. Et chez moi je fais souvent du vélo . . . j'adore ça! Je n'aime pas aller en ville, et surtout pas aller aux musées. Ça je trouve vraiment ennuyeux! Et quant aux zoos, je n'y vais jamais . . . j'ai horreur de ça! Des animaux dans des cages, je trouve ça cruel!

Section 7 *Units 37–42*

Task 1 **Qu'est-ce que tu as acheté?**

a 1 — Salut, Marie-Laure. Tu as été en ville?
— Oui, je viens de faire du shopping.
— Qu'est-ce que tu as acheté?
— Ben . . . une jupe et un chemisier.
— Fais voir . . . formidable!

2 — Ah, te voilà Pierre! Tu as trouvé un blouson?
— Oui, j'en ai trouvé un en cuir.
— Fais voir! Il est vraiment chic.
— Et j'ai acheté une chemise aussi. Tu penses que ça va ensemble, maman?
— Oui, tu as très bien choisi!

3 — Salut, Joseph. Où tu as été?
— J'ai été faire du shopping. Tu veux voir ce que j'ai acheté?
— Oui, fais voir!
— Eh bien . . . ce pantalon.
— Chouette!
— Et puis des chaussettes . . .

4 — T'as trouvé ce que tu cherchais, Christine?
— Oui, plus ou moins, papa. J'ai acheté une robe pour aller à la soirée samedi, et une nouvelle paire de chaussures. Qu'est-ce que tu en penses?
— N'est-elle pas un peu courte, la robe?
— Papa! C'est comme ça que ça se porte maintenant!

5 — Qu'est-ce que tu as acheté. Jacques? Fais voir! Un jean! Mais tu en as déjà deux!
— Je sais, mais j'aime porter les jeans. Et regarde,

— je me suis acheté une ceinture aussi.
— Tu aimes ça, toi? Elle est un peu large, non?
— Je trouve pas! Elle me plaît beaucoup!

b — J'ai été en ville.
— Qu'est-ce que tu as fait?
— J'ai acheté un pullover.
— Fais-voir! Ah, c'est joli!

Task 4 On fait des courses

— Sur la liste il y a ... des bananes
  des pommes
  des poires
  des pommes de terre
  des œufs
  du lait
  du vin
  du chocolat
  du pain
  de la confiture

Task 5 Où vas-tu?

— Où vas-tu?
— Je vais à la boulangerie.
— Pourquoi?
— Je vais acheter du pain.

Task 8 Garçon!

a — Messieurs dames?
— Un thé, un café, un coca ... vous avez du fanta orange?
— Oui, bien sûr.
— Et un fanta orange, alors.
— Vous voulez quelque chose à manger?
— Oui ... un sandwich au jambon, une crêpe au sucre et une glace à la vanille.
— Thé, café, coca, fanta orange ... sandwich jambon, crêpe au sucre, glace vanille ... tout de suite, messieurs dames.

b **1** — Un café, un fanta orange, un coca, un sandwich au jambon, une crêpe et un croque-monsieur, s'il vous plaît.
2 — Deux cafés, un thé, deux sandwichs et une glace, s'il vous plaît.
3 — Un thé, deux fantas orange, quatre sandwichs et deux glaces, s'il vous plaît.

Section 8 Units 43–48

Task 1 Les correspondants

1 — Eh bien, je m'appelle Yves Duvallier. J'habite à Douarnenez en Bretagne, quoi? J'ai 16 ans. Je suis très sportif. Je joue au volley ... euh ... au foot ... au tennis ... et à la pétanque, c'est-à-dire aux boules. Je fais aussi du vélo.

2 — Je m'appelle Catherine Leforestier. J'habite Châteauroux, dans le centre de la France. J'ai 17 ans. J'aime beaucoup la musique, écouter des disques, aller aux discos, etc. J'adore danser. Je fais de la musique aussi ... je joue de la guitare et du piano ...

3 — Je m'appelle Simone Delarue. J'ai 17 ans, et j'habite en Normandie ... à Caen. En ce qui concerne mes passe-temps ... eh bien, je vais souvent au cinéma, j'aime beaucoup le cinéma. J'aime aussi la lecture. Je lis beaucoup de romans. Je fais aussi de la photographie.

4 — Je m'appelle Alain Tanguy. Je viens de Nantes dans l'ouest de la France. J'ai 17 ans. Pour ce qui est de mes passe-temps, je suis fana de moto. Je fais souvent des promenades en moto avec mes copains. Je m'intéresse aussi à la mode ... aux vêtements, quoi? Et puis ... heuh ... je vais souvent à des soirées ... et voilà!

Task 2 Trouve le verbe!

— Le week-end je <u>travaille</u> dans une station-service comme pompiste. Je n'<u>aime</u> pas particulièrement le travail, mais je <u>gagne</u> 250 francs par semaine. En plus je <u>reçois</u> 100 francs par semaine de mes parents. Je <u>suis</u> amateur de photographie. J'<u>adore</u> ça, mais ça <u>coûte</u> cher! Avec l'argent j'<u>achète</u> des magazines et des pellicules, et je <u>paye</u> le développement de mes photos. De temps en temps je <u>vais</u> au cinéma ou à une disco.

Task 5 C'est quel genre d'émission?

— A sept heures on passe *Top of the Pops*. Tu veux voir ça?
— Qu'est-ce que c'est comme émission?
— C'est une *émission* musicale ... une *émission* de pop.
— Oui, je veux bien ... J'aime ce genre d'émission.
— A sept heures trente on passe *Eastenders*. Tu veux voir ça?

—Qu'est-ce que c'est comme émission?
—C'est un feuilleton anglais.
—Non merci... Je n'aime pas ce genre d'émission.

Task 6 Tu veux voir un film en vidéo?

—Tu veux voir un film en vidéo?
—Je veux bien. Qu'est-ce qu'il y a?
—Eh bien, il y a *Back to the Future*, ça c'est un film de science-fiction. Puis il y a *Look who's talking*; ça c'est un film comique. Puis il y a *Born on the 4th of July*; ça c'est un film de guerre.
—Je préférerais voir *Back to the Future*; j'aime les films de science-fiction!

Task 7 Qu'est-ce qu'on va voir?

—Qu'est-ce qu'il y a au *Rex*?
—Voyons... d'abord il y a *Top Gun*, un film d'action avec Tom Cruise...
—Non, je l'ai déjà vu deux fois. Qu'est ce qu'il y a d'autre?
—Eh bien... on passe *Arachnophobia*...
—C'est quoi comme film?
—Un film d'horreur. Tu n'en as pas entendu parlé de ça? J'adore ce genre de films — allons le voir — il y a des séances tous les soirs. Tu es libre mardi?
—Désolé, non, j'ai un rendez-vous. Tu peux y aller mercredi?
—Oui, allons-y mercredi alors.
—Qu'est-ce qu'il y a à l'*Odéon*?
—Euh... *Back to the Future 3* — un film comique.
—Ça ne m'intéresse pas. Il y a autre chose?
—On passe aussi *Pretty Woman*. Tu veux le voir?
—Pas trop, non.
—Ou il y a toujours le dessin animé *Who framed Roger Rabbit?* Je ne l'ai jamais vu — ça doit être drôle. On pourrait voir ça.
—Mais oui, ça, j'aimerais bien. Disons... vendredi soir?
—Pourquoi pas? Je n'ai rien d'autre à faire...

Section 9 *Units 49–54*

Task 3 Vous êtes partie à l'étranger l'année dernière?

—Vous êtes partie à l'étranger l'année dernière?
—Non, je suis restée en France.
—Chez vous?
—Non, je suis allée à Paris.
—Dans un hôtel?
—Non, chez des amis.
—Vous y avez passé combien de temps?
—Huit jours seulement.
—Qu'est-ce que vous avez fait là-bas?
—J'ai visité tous les monuments célèbres.
—Par exemple?
—La Tour Eiffel, l'Arc de Triomphe, etc.
—Comment vous avez trouvé le séjour?
—Formidable!

Task 4 Des projets de vacances

1 —Moi... cet été je vais aller en Grande-Bretagne. Je vais y passer trois semaines. Je vais prendre le bateau... le ferry, puis faire du stop. Je vais rester dans différents campings...

2 —Eh bien, cette année je vais aller en Belgique. Je vais passer 15 jours chez des amis, dans leur appartement à Bruxelles. Je vais y aller en car.

3 —Cet été on va partir en Suisse. On va y aller en train, et on va passer deux semaines dans une pension à la montagne.

4 —Nous allons partir en Italie cette année, à Rome plus précisément. On a déjà retenu une chambre d'hôtel là-bas. On va passer huit jours à visiter les monuments historiques. On va y aller en voiture. Ça va très vite sur les autoroutes...

5 —Je ne pars pas à l'étranger cet été. Je vais quand même partir avec des copains faire un tour de la région où j'habite, en vélomoteur. Ça nous prendra à peu près une semaine...

Task 6 Approchez... approchez!

—Venez nombreux ce soir au Cirque Pinder! Grand spectacle à partir de dix-neuf heures! Le Cirque Pinder vous offre clowns, acrobates, animaux... grand spectacle en plein air, ce soir à partir de dix-neuf heures... spectacle gratuit... Place du Marché. Le Cirque Pinder avec ses clowns, ses acrobates, ses animaux... Spectacle gratuit... Place du Marché à partir de dix-neuf heures... Venez nombreux... venez en famille... (fade)...

Task 9 Un bon souvenir

—Bonjour. Je voudrais deux bracelets, s'il vous plaît.

— Et les noms?
— Emma et Samantha.
— Comment ça s'écrit?
— Emma s'écrit E-M-M-A.
— E-M-M-A.
— Et Samantha s'écrit S-A-M-A-N-T-H-A.
— S-A-M-A-N-T-H-A. Et les couleurs?
— Rouge et bleu, s'il vous plaît.

Section 10 *Units 55–60*

Task 1 **Bon anniversaire!**

— C'était mon anniversaire hier, le 22 juillet. Je viens d'avoir seize ans. J'ai eu de la chance, car j'ai reçu beaucoup de cadeaux. Par exemple, mes parents m'ont offert un vélomoteur ... ce sera très utile pour aller au collège et pour toutes sortes de sorties. Ma sœur m'a acheté un double album de Vanessa Paradis — une chanteuse française dont j'aime bien les chansons. Mon frère m'a donné une carte, mais pas de cadeau, hein!

Puis mes grands-parents m'ont donné de l'argent ... 500F ... ce qui était très généreux, n'est-ce pas? Puis, hier soir on est tous sortis au restaurant, toute la famille. C'était vraiment chouette!

Task 2 **Vous devez vous inscrire!**

— Bonjour.
— Bonjour.
— Comment vous vous appelez?
— Andrew Grimes.
— Ça s'écrit comment?
— G-R-I-M-E-S.
— Et votre date de naissance?
— Le deux mai, 1975.
— Vous venez d'où?
— D'Oxford ... en Angleterre.
— Et le nom de votre collège?
— Ardley Comprehensive ... Ça s'écrit A-R-D-L-E-Y.
— Merci ... et bienvenue à Paris!
— Merci.

Task 4 **Qu'est-ce qui s'est passé?**

1 — Euh ... j'ai eu un petit accident ... la douche ne marche plus. Je crois que je l'ai cassée! Excuse-moi!
2 — Euh ... j'ai eu un petit accident ... J'ai marché sur une de tes cassettes qui était par terre. Je l'ai cassée, excuse-moi!
3 — Euh ... j'ai eu un petit accident ... j'ai renversé une tasse de café sur la moquette. Excuse-moi!
4 — Euh ... j'ai eu un petit accident ... j'ai laissé tomber une bouteille dans l'escalier. C'était un cadeau pour tes parents!
5 — Euh ... j'ai eu un petit accident ... j'ai renversé un verre de vin sur le sofa. Excuse-moi! J'espère que ça ne va pas tâcher!

Task 5 **Comment c'était?**

1 — Salut!
— Salut!
— Tu t'es bien amusé aujourd'hui?
— Oui.
— Qu'est-ce que tu as fait?
— Je suis allé à la piscine.
— Comment c'était?
— Excellent! L'eau était très chaude!

2 — Ah ... te voilà! Bonne journée?
— Oui, très bonne!
— Qu'est-ce que tu as fait?
— Je suis allée visiter un château.
— Comment c'était?
— Fantastique! C'était très intéressant!

3 — Qu'est-ce que tu as fait aujourd'hui?
— Je suis allée à un marché.
— Comment c'était?
— Ça m'a déçue. Il n'y avait pas grand'chose ... et tout était trop cher.

4 — Qu'est-ce que tu as fait hier soir? Tu es sorti?
— Oui, je suis allé au cinéma voir un film d'espionnage.
— Comment c'était?
— C'était ennuyeux! Très long, et trop compliqué!

5 — Tu es sortie hier soir?
— Oui, je suis allée au restaurant avec mon petit ami.
— Comment c'était, le repas?
— Délicieux ... et le service était excellent!

6 — Salut!
— Salut! Qu'est-ce que tu as fait aujourd'hui?
— J'ai fait une excursion en car ... à Dinan.
— Comment c'était?
— Pas mal! La ville de Dinan est très pittoresque et ça m'a beaucoup plu, mais il a fait si chaud, c'était presque insupportable!

Task 6 **Ils ont visité quels pays?**

1 — Ils sont allés en Angleterre
2 — Ils sont allés en Italie
3 — Ils sont allés aux États-Unis
4 — Ils sont allés en Suisse
5 — Ils sont allés en Espagne
6 — Ils sont allés en Allemagne
7 — Ils sont allés au Portugal
8 — Ils sont allés en Hollande

Encore!

The latter part of the second side of the workbook cassette contains a number of dialogues from the original course that have been re-recorded. In *Francoscope,* these were improvised to provide authentic, native-speed listening practice. They have been re-recorded to make them more accessible for general comprehension. The extracts are listed below by their original title, and with a unit and page reference from *Francoscope Teacher's Manual.*

Extract	Unit number and name	Page reference
Salut!	1 – Comment tu t'appelles?	8
Mes parents	2 – Enchanté	10
Qui est-ce qui parle?	4 – Chez nous	12
Veinard! (b)	5 – Qu'y a-t-il dans le coin?	13
Quelqu'un que je connais	6 – Les copains	15
Premières impressions	7 – Bienvenue!	18
J'aime . . . je n'aime pas . . .	8 – A table!	19
Plus cher? Moins cher?	11 – J'ai besoin d'argent!	24
Des renseignements	17 – A quelle heure?	33
Dans notre région	26 – Quel temps fait-il?	48
J'ai été malade	33 – Est-ce que c'est grave?	59
Pas de chance	34 – Accident!	61
J'adore ça!	41 – C'est délicieux!	71
Mon passe-temps préféré . . .	43 – Les passe-temps	75
A mon avis	45 – Le sport	77

Task 4 Quel temps va-t-il faire?

a First of all listen to some expressions which are used in weather forecasts:

le nord

l'ouest ← le centre → l'est

le sud

pleuvoir

neiger

froid

chaud

brouillard

b Imagine you are staying somewhere in the North of France with a French family. Listen to your friend who has just read the weather forecast telling you what the weather is going to be like tomorrow. Draw in the correct symbols in the spaces provided:

soleil/beau

orage

The best weather tomorrow will be in the ..**South**.. of France.

The worst weather will be in the ..**North**.. of France.

The best plan for us for tomorrow would be: to go to the beach [X]

to have a picnic [X]

to stay at home [✓]

to go shopping in town [?]

Task 5 On verra

U26 You and your French friend are thinking about what you could do tomorrow, but your decision depends on what the weather will be like. Below, write in some activities to suit the kinds of weather mentioned. You can use the ideas given, or think up some of your own:

Practise making your suggestions to a partner, then swap roles and listen to his/her suggestions.

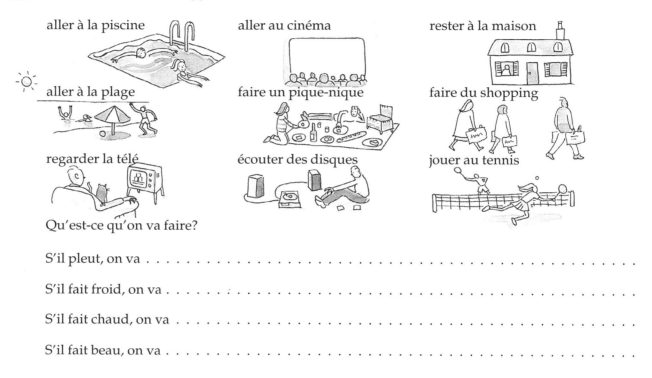

aller à la piscine

aller au cinéma

rester à la maison

aller à la plage

faire un pique-nique

faire du shopping

regarder la télé

écouter des disques

jouer au tennis

Qu'est-ce qu'on va faire?

S'il pleut, on va ....

S'il fait froid, on va ....

S'il fait chaud, on va ....

S'il fait beau, on va ....

Task 6 Une carte postale

U27 Using the model as a guide, write a suitable postcard to a French friend to accompany one of these holiday snaps:

> *Cher* Alain/Patrick / *Chère* Marie/Simone,
> *Je suis à* Paris/Londres/Amsterdam. *C'est* formidable/intéressant/ennuyeux. L'auberge/Le camping/L'hôtel *est* chouette/horrible/sale. *Il* pleut/fait beau/fait froid. *Maintenant je vais aller* à un concert/à la piscine/au lit.
> *Au revoir! Amitiés,* ....

Try writing cards from other places, changing your comments and the weather. You could also add some details about what you are doing (*On fait du ski/On fait des promenades*, etc.).

Task 7 C'est permis ou non?

U27 Here are some signs saying that something is not permitted. Complete them by adding one of the symbols to illustrate their meaning:

eg:

Défense de fumer

Défense d'entrer

Défense de marcher sur les pelouses

Défense de manger et de boire dans les dortoirs

Défense de faire du bruit après 22h

Défense de stationner

Task 8 A l'auberge de jeunesse

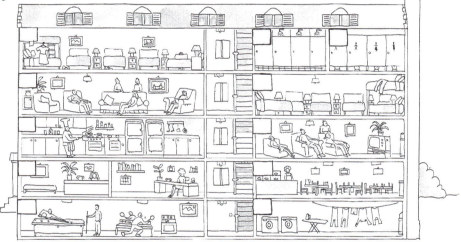

U28 Here is a youth hostel. Match up the room names with the correct rooms by writing in the numbers:

Here are some sentences about where certain rooms are in the hostel.
Tick whether they are correct or not:

	vrai	faux
La salle de jeux est au rez-de-chaussée		✓
La salle de télévision est au sous-sol		✓
La laverie-buanderie est au premier étage		✓
Le cafétéria est au rez-de-chaussée	✓	
La salle de séjour est au deuxième étage	✓	

Now check your answers from the cassette.

Partner A draws an *auberge de jeunesse* and labels the rooms.
Partner B draws a blank *auberge*, and must find out where the rooms are.

B — *Où est le/la . . . ?/Où sont les . . . ?*
A — *Le/la . . . est au . . ./Les . . . sont au . . .*

1 la laverie-buanderie
2 la salle de jeux
3 la cuisine
4 le cafétéria
5 le bureau de la direction
6 la réception
7 les douches
8 les toilettes
9 le dortoir-filles
10 la salle de télévision
11 la salle de séjour
12 le dortoir-garçons

3e étage
2e étage
1er étage
rez-de-chaussée
sous-sol

Task 9 Comprends-tu bien?

Can you match up these signs with the illustrations?

1. Vélos à louer — **d**
2. Location de sacs de couchage — **e**
3. Fermé le jeudi — **c**
4. EAU POTABLE — **a**
5. Le chiens ne sont pas admis — **f**
6. Jetons pour douches ici — **b**

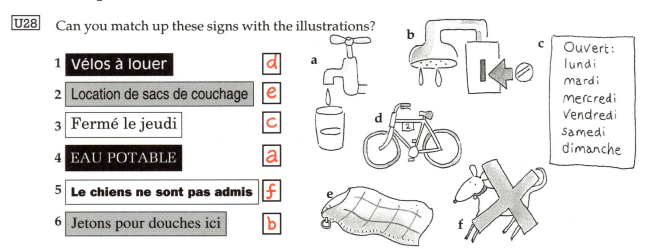

Task 10 Quelle chambre?... Quel étage?

Here are some people arriving at an hotel and being told the number of their room, and which floor it is on. Write the room numbers, and the floors in the spaces provided, and tick any other thing mentioned:

	Room	Floor	🛁	WC	🚿	☎	📺
Monsieur et Madame Smith	4	Ground	✓			✓	✓
Monsieur Brown	42	3rd			✓	✓	
Monsieur et Madame Khan	26	1st		✓	✓		
Madame Popadopoulos	11	Ground				✓	
Monsieur et Madame Williams	64	4th			✓	✓	✓

Task 11 Que penses-tu du camping?

Here are some sentences from a letter about a campsite. There are five good things, and five bad things, said about the place. Jot them down in your own words in English on the page opposite:

La piscine est trop petite
Il n'y a pas de restaurant
On peut louer des vélos
La plage est à 200 mètres
Le bloc sanitaire est très moderne
C'est très cher

Il y a un arrêt d'autobus juste en face
Il y a un supermarché où on peut tout acheter – très pratique!
Il y a trop de campeurs
Notre emplacement est à côté des poubelles!

✗ Swimming pool too small
✗ No restaurant
✗ Very expensive
✗ Too many campers
✗ Pitch is next to the dustbins!
✓ You can hire bicycles
✓ Beach only 200 metres away
✓ Shower/toilet block very modern
✓ Bus stop right opposite campsite
✓ Supermarket on site where you can buy everything

Task 12 Une lettre

U30 Write out this letter, putting in the correct words in place of the pictures:

nord	bateaux	pleut	boules	beau	caravane	France	tennis	hôtel	est	vélos
piscine	moto	sud	golf	soleil	pêche	ouest	rivière	terrain de camping
voiture	restaurant	Angleterre	équitation

Section 6 *Units 31–36*

Task 1 **Chère maman, cher papa . . .**

[U31] Here is part of a letter written by a French boy to his parents while he is staying in England. He obviously likes some things but not others. Read what he says and underline all the words he uses to describe people and things:

> Chère maman, cher papa
>
> David, mon correspondant est très sympa, et ses parents sont gentils. Par contre sa sœur est horrible. Elle est très snob! Leur maison est grande et jolie. Ma chambre est confortable. Ils ont un immense jardin avec des fleurs et des arbres.
>
> Je suis allé à l'école avec David. C'est un grand collège mixte. Les bâtiments sont vieux et sales. Les professeurs sont stricts mais sympathiques. Les cours sont ennuyeux!
>
> Je vous embrasse,
>
> Pierre

Complete the following sentences:

He thinks David is ..*very nice*..

He thinks David's parents are ..*nice / kind*..

He thinks David's sister is ..*horrible / nasty*.. because she is ..*snobbish / stuck up*..

He says their house is ..*big / large*.. and ..*nice / pretty*..

He says his room is ..*comfortable*..

The garden is ..*huge (with flowers and trees)*..

David's school is ..*big*..

The buildings are ..*old*.. and ..*dirty*..

The teachers are ..*strict*.. but ..*nice / pleasant*..

The lessons are ..*boring*..

Task 2 Comment tu trouves...?

Here are some people saying what they think of certain things. Listen to the questions on cassette, followed by a list of describing words from the box. Then choose a suitable word for each situation:

délicieux	formidable	fantastique	chouette	confortable
joli	beau	énorme	intéressant	horrible
affreux	ennuyeux	sale	propre	amusant

Qu'est-ce que tu penses du concert?
C'est . . . . !

Comment tu trouves le match?
C'est . . . . !

Qu'est-ce que tu penses de ta chambre?
C'est . . . . !

Comment tu trouves le repas?
C'est . . . . !

Qu'est-ce que tu penses de la cathédrale?
C'est . . . . !

Comment tu trouves l'école?
C'est . . . . !

Qu'est-ce que tu penses du terrain de camping?
C'est . . . . !

Comment tu trouves l'hôtel?
C'est . . . . !

 Practise these questions and answers with a partner, then make up some more of your own.

Task 3 A mon avis...

Using the phrases below, make sentences of your own, saying what **you** think about the various things mentioned:

La musique classique?   J'aime ça!   C'est...
La musique pop?   J'adore ça!   formidable!
La télévision?   Je n'aime pas ça! chouette!
Le football?   Je déteste ça!   fantastique!
Le français?   affreux!
La cuisine française?   ennuyeux!

 Practise this in pairs using the question *Qu'est-ce que tu penses du/de la/de l'/des...?*

Task 4 Il me faut . . .

U32 Here are three people who have got to buy some items from the chemist's. The things they need are illustrated. Jot down what they would write on their shopping lists (you will find the words in the box):

| du shampooing   du savon   du coton hydrophile   du sparadrap   de l'aspirine |
| de la crème antiseptique   des mouchoirs en papier   du dentifrice |

 You can hear the items on the cassette, and you can check your answers too.

Task 5 Si tu es malade . . .

U33 Fill in the words for the pictures and then copy out the new word you have made. Hopefully you won't have to pay him a visit!

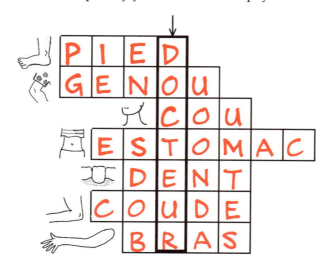

The word is: **DOCTEUR**

40

Task 6 Ça fait mal où?

These people are all in pain. Write in the correct word from the box to show where the pain is:

- J'ai mal à la **gorge**
- J'ai mal au **dos**
- J'ai mal aux **yeux**
- J'ai mal à la **tête**
- J'ai mal au **ventre**
- J'ai mal aux **pieds**
- J'ai mal aux **dents**
- J'ai mal à l' **oreille**

oreille
dents
pieds
gorge
yeux
ventre
dos
tête

You can check your answers from the cassette.

Task 7 Tu es malade?

Work with a partner. Choose one option from each box, and make up a series of dialogues in which a British friend is asking a French friend if (s)he feels ill, and offers to help. Some possible dialogues are recorded on the cassette:

- Qu'est-ce que tu as?
- Qu'est-ce qui ne va pas?
- Tu es malade?

↓

- J'ai mal à la tête.
- J'ai la grippe.
- Je suis enrhumé(e).

- Tu veux de l'aspirine?
- Tu veux une tasse de thé?
- Tu veux prendre un bain?
- Tu veux aller au lit?

↓

- Oui, je veux bien.
- Non merci, ça va!

- Tu veux voir le docteur?
- Je peux aller à la pharmacie, si tu veux.

↓

- Oui, je crois.
- C'est gentil. Merci.
- Non, ce n'est pas grave.

Task 8 Je peux avoir un rendez-vous?

Listen to these five people phoning for an appointment at the doctor's, the dentist's and the hairdresser's. In each case, jot down in the grid the day and the time of the appointment:

Name	Day	Time
1 Yves Dupont	Mon.	10 o'clock
2 Edith Legrand	Weds.	2 o'clock
3 Serge Delacroix	Fri.	11 o'clock
4 Etienne Delarue	Tues.	Half past 4
5 Sylvie Rigaud	Thurs.	5 o'clock

Task 9 J'ai eu un accident!

Match up these sentences with the correct pictures. One has been done for you. Draw your own pictures for the two that are not illustrated:

1 Je me suis cassé le bras!
  2 Je me suis cassé la jambe
3 Je me suis brûlé la main!
  4 Je me suis coincé le doigt!
5 Je me suis blessé la tête!
  6 Je me suis foulé la cheville
7 Je me suis cassé le nez!
  8 Je me suis blessé le genou!
9 Je me suis blessé le pied!

Task 10 Qu'est-ce qu'on fait ensemble?

Imagine that you have a French girl staying with you. You have made a list of things you could do together. Listen to her talking, and put a tick or a cross by the various things on your list depending on whether she likes them or not:

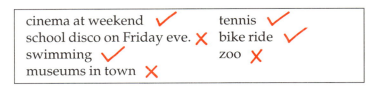

Section 7 Units 37–42

Task 1 Qu'est-ce que tu as acheté?

U37

a Listen to these five people who have been shopping for clothes. They have each bought two items of clothing. Write the letters of the items they have bought by their names:

1 Marie-Laure   [d] [a]
2 Pierre   [c] [e]
3 Joseph   [b] [g]
4 Christine   [f] [i]
5 Jacques   [j] [h]

b Practise telling your partner what you have bought:

Say you have been into town: *J'ai été en ville*
Your partner asks what you did: *Qu'est-ce que tu as fait?*
You say what you bought: *J'ai acheté un/une/des . . .*
Your partner asks to see it/them: *Fais-voir! C'est joli/Je n'aime pas ça!*

There is an example of this dialogue on the cassette.

Task 2 Ça ne va pas!

U37 This man totally lacks dress sense! Point out where he has gone wrong by criticising his clothes using phrases from the box:

| trop grand |
| trop court |
| trop petit |
| trop large |
| trop serré |
| trop long |

Le chapeau est trop grand.

Le pantalon est trop court.

Le pantalon est trop serré.

Le manteau/L'imperméable est trop long.

La cravate est trop large.

Les chaussures sont trop petites.

Task 3 L'uniforme scolaire

U37 Here is part of a letter from a British girl to her French pen-friend, in which she is talking about her school uniform. Copy it out, choosing the correct words instead of pictures:

Les garçons portent une **chemise** grise ou blanche, un **pantalon** et un **pull-over** gris. Ils portent aussi des **chaussures** noires. Leur **cravate** est bleue et grise. Les filles, elles, portent un **chemisier** blanc, une **jupe** grise ou un **pantalon** noir. Quand il pleut on porte un **imperméable** ou un **anorak** bleu. Je déteste l'uniforme scolaire!

cravate
anorak
pantalon
robe
pull-over
jupe
chemise
chemisier
imperméable
chaussures
jean
chapeau
blouson

Now practise with a partner talking about what your wear.

A — *Qu'est-ce que tu portes à l'école/le soir/le week-end/en vacances?*
B — *Je porte un/une/des . . .*

Task 4 On fait des courses

U38 Someone has just come back from doing some shopping. Look at the items which have been bought and write their names on the shopping list. You should end up with ten items:

You can check your answers on the cassette.

des bananes
des pommes
des poires
des pommes de terre
des œufs
du lait
du vin
du chocolat
du pain
de la confiture

Task 5 Où vas-tu?

 Listen carefully to this dialogue:

— Où vas-tu?
— Je vais *à la boulangerie*.
— Pourquoi?
— Je vais *acheter du pain*.

 Practise this dialogue with your partner, and then produce some other versions of your own by changing the parts in italics. Here are some examples of what you might use:

au supermarché	acheter des timbres/des cartes postales
à la pharmacie	acheter des gâteaux
à l'épicerie	acheter des croissants/du pain
à la pâtisserie	acheter de la viande/du jambon
à la poste	changer de l'argent/encaisser un chèque
à la banque	
à la boucherie/charcuterie	acheter des bonbons/du chocolat
à la confiserie	acheter du thé/de l'eau minérale
au tabac	acheter de l'aspirine
chez le marchand de fruits/légumes	acheter des pommes/des carottes
	acheter du coca cola

Task 6 En ville

Can you find ten shops? Write out the names:

(une) banque
(un) tabac
(une) épicerie
(une) boucherie
(une) pharmacie
(une) boulangerie
(une) confiserie
(une) charcuterie
(une) poste
(une) pâtisserie

T	B	A	N	Q	U	E	G	B	Z	A	P
A	A	D	N	Y	H	X	F	O	P	C	A
B	E	P	I	C	E	R	I	E	H	P	T
A	I	J	I	W	J	U	F	T	A	B	I
C	Y	L	E	E	M	W	K	S	R	C	S
B	O	U	C	H	E	R	I	E	M	Q	S
R	H	T	G	X	S	R	C	Z	A	Q	E
G	D	F	E	B	L	F	H	U	C	V	R
B	O	U	L	A	N	G	E	R	I	E	I
C	O	N	F	I	S	E	R	I	E	P	E
C	H	A	R	C	U	T	E	R	I	E	O
J	M	K	A	D	N	I	P	O	S	T	E

Task 7 **On achète des provisions**

 Here are some bargains offered by the French hypermarket *Leader Price*. Imagine you have to buy food for a picnic. You can spend up to thirty francs, so choose five items to buy from the selection below, and see if you can manage to spend less than your partner. When you have each worked out what to buy, tell each other:

- What you have chosen (*Moi, j'ai choisi …*)
- What it cost all together: (*Ça a coûté …*)

PRODUITS FRAIS		
BEURRE EXTRA-FIN	250 g	**6,75**
CAMEMBERT	240 g	**7,50**
MARGARINE DE TABLE	500 g	**3,90**
PÂTÉ	200 g	**5,00**
PAINS – PATISSERIE – BISCUITERIE		
BAGUETTE	225 g	**5,20**
BRIOCHE	300 g	**5,90**
MADELEINES	400 g	**6,50**
RAFRAICHISSEMENTS		
BOISSON A L'ORANGE	1 l	**4,00**
LIMONADE	1,5 l	**5,50**
CONFISERIE		
CHOCOLAT AU LAIT	5 tabl. de 100 g	**9,20**
CHOCOLAT NOISETTES	4 tabl. de 100 g	**9,90**

Task 8 **Garçon!**

Listen to this person ordering something in a café for herself and her friends. Then try to work out which of the orders is theirs:

 1    2    3    4

Work out with a partner how to order the other three. The words below will be useful:

un café crème	un lait	un coca cola	un sandwich (au jambon)
un café noir	une eau minérale	un fanta orange	une crêpe
un thé	une limonade	une glace	un croque-monsieur

Check your answers on the cassette.

Task 9 **Comprends-tu la carte?**

Here are some key words that you might need to understand on a French menu. Match them up with the correct illustrations:

poisson **c** fromage **j** glace **g** œufs **k** haricots **i** pommes de terre **b**

crudités **h** petits pains **a** pain **f** petits pois **e** pommes frites **l** potage **d**

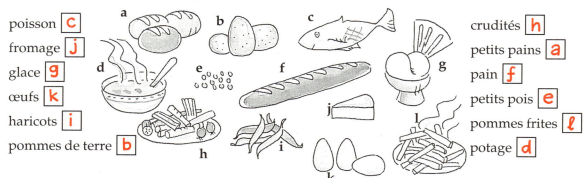

Task 10 Bon appétit!

U41 Here is a recipe for an apple omelette. Try to match the ingredients and instructions with the illustrations:

L'OMELETTE AUX POMMES

Préparation: 5 minutes   **Cuisson:** 6 minutes
Proportions pour 4 personnes
Il faut:

30g de *beurre*   6 *œufs*
2 petites *pommes*   2 *cuillerées à soupe*
1 *poêle*   de *sucre*

Méthode:

1. Coupez les pommes en lamelles pas trop fines.
2. Faites légèrement cuire les pommes .... etc.
3. Battez les œufs en omelette.
4. Versez les œufs battus sur les pommes.
5. Pliez l'omelette.
6. Saupoudrez de sucre les omelettes .... etc.

---

sucre   pommes   œufs   beurre   cuillerées à soupe   poêle

Battez les œufs en omelette.
Coupez les pommes en lamelles pas trop fines.
Faites légèrement cuire les pommes sur feu doux avec du beurre.
Saupoudrez de sucre les omelettes sur le plat de présentation.
Pliez l'omelette.
Versez les œufs battus sur les pommes.

Section 8 Units 43–48

Task 1 **Les correspondants**

U43 Here are four French teenagers who are looking for British pen-friends. Listen to them talking about their interests, and add as many details as you can in English to their file cards:

Name: Duvallier Yves
Age: 16
Town: Douarnenez
Interests: Sport: volleyball, football, (French) bowls, cycling

Name: Leforestier Catherine
Age: 17
Town: Châteauroux
Interests: Music, records, discos, dancing, plays guitar and piano

Name: Delarue Simone
Age: 17
Town: Caen
Interests: Cinema, reading (novels), photography

Name: Tanguy Alain
Age: 17
Town: Nantes
Interests: motorbikes, fashion, parties

Complete the following sentences:

If I were looking for a pen-friend I would choose ....

because ....

I wouldn't choose .... because

....

Now prepare a file card of your own in French, to send to a French school or agency.

Task 2 Trouve le verbe!

U44 In this letter extract a French teenager is writing about how he earns money, and what he spends it on. Copy it out, adding the correct verbs:

Le week-end je ****** 1 dans une station-service comme pompiste. Je n' ****** 2 pas particulièrement le travail, mais je ****** 3 250 francs par semaine. En plus je ****** 4 100 francs par semaine de mes parents. Je ****** 5 amateur de photographie. J' ****** 6 ça, mais ça ****** 7 cher! Avec l'argent j' ****** 8 des magazines et des pellicules, et je ****** 9 le développement de mes photos. De temps en temps je ****** 10 au cinéma ou à une disco.

8	achète
6	adore
4	reçois
2	aime
1	travaille
3	gagne
5	suis
10	vais
9	paye
7	coûte

 Now check your version with the cassette.

Task 3 Encore des panneaux!

U45 a All of these signs have something to do with sport and outdoor activities. Read them carefully and match them up with the correct explanations:

1 SALLE OMNISPORTS = sports centre
2 PÊCHE EN MER = sea fishing
3 LOCATION VELOS PLANCHES A VOILE = bicycles and windsurf boards for hire
4 PISCINE CHAUFFÉE = heated swimming pool
5 PARC de JEUX pour ENFANTS = children's play area
6 Centre Equestre = horse-riding
7 PROMENADES EN BATEAUX = boat trips

Boat trips   Horse-riding   Sea-fishing   Heated swimming pool   Sports centre
Children's play area   Bicycles and wind-surf boards for hire

b Look at these signs carefully, and complete the sentences about them:

1 PÊCHE INTERDITE   You're not allowed to ...fish... here!
2 JEUX de BALLON INTERDITS   They don't allow ...ball games... either!
3 INTERDIT aux ENFANTS de MOINS de 13 ANS NON ACCOMPAGNÉS   ...children under 13 (years)... aren't allowed to join in this activity unless ...accompanied (by an adult)...

49

Task 4 Quels sports peut-on faire?

a Here is part of a letter from a French teenager on holiday at a campsite called *Camping Bel-Air* in France. Read it carefully, and then complete the task below:

Look at this description of the *Camping Bel-Air* from a tourist brochure. There have obviously been some mistakes. Some activities given here are not available, others have been missed out. Cross out those given wrongly, and add your own symbols for those missing:

> C'est un camping 3 étoiles. Il n'y a pas de piscine, mais il y a un lac où on peut nager. On peut y aller à la pêche aussi, mais il est trop petit pour les sports nautiques comme la planche à voile ou le ski nautique. C'est dommage, n'est-ce pas? Il y a une salle de jeux où on peut jouer au tennis de table et au billard. Il y a un mini-golf et un terrain de boules. On peut y jouer au volley. Moi, je préférerais jouer au tennis, mais malheureusement il n'y a pas de court. Tant pis! On s'amuse bien!

b Imagine that you are staying at this campsite:

Complete these six sentences saying what sports you can do there. You'll find all the necessary words in the letter in **a**.

Ici on peut *jouer au tennis*

On peut aussi *jouer au volley*

On peut *faire de la planche à voile*

On peut *aller à la pêche*

Il y a *une piscine*

Il y a aussi *un terrain de boules*

Now add four things it hasn't got/you can't do. Here you must find words of your own:

Malheureusement on ne peut pas ....

On ne peut pas .... non plus.

Il n'y a pas de/d' ....

Il n'y a pas de/d' .... non plus.

Task 5 C'est quel genre d'émission?

U46
A — A *7 heures* on passe *Top of the Pops*. Tu veux voir ça?
B — Qu'est-ce que c'est comme émission?
A — C'est *une émission musicale ... une émission de pop*.
B — Oui, je veux bien ... J'aime cette sorte d'émission.
Non merci ... Je n'aime pas cette sorte d'émission.

une émission de pop
une émission musicale
un feuilleton anglais/ américain
un jeu de questions
une émission de dessins animés
un documentaire
une émission jeunesse
une comédie
une émission sportive

Listen to two versions of this model dialogue on the tape, and then make up your own dialogues by changing the parts in italics. Base what you say on the programmes given below.

1:15	GRANDSTAND	7:30	EASTENDERS
5:15	CARTOON TIME	8:00	LAST of the SUMMER WINE
6:30	BLOCKBUSTERS	8:30	WORLD in ACTION
7:00	TOP of the POPS	9:30	L. A. LAW

You'll find some helpful expressions in the box on the right. Practise this dialogue with your partner.

Task 6 Tu veux voir un film en vidéo?

With a partner, practise a dialogue in which you are asking if (s)he'd like to watch a video. You mention three films, explaining what kind of films they are, and (s)he chooses. You should use titles of recent films. You can hear one version of the dialogue on the tape:

A — Tu veux voir un film en vidéo?
B — Je veux bien. Qu'est-ce qu'il y a?
A — Eh bien, il y a ... (*title*) ...; ça c'est un(e) ... (*type of film*) ... .
Puis il y a ... (*title*) ...; ça c'est un(e) ... (*type of film*) ... .
B — Je préférerais voir ... (*title*) ...; j'aime les ... (*type of film*) ... !

Types of film:
un western
un film de guerre
un film d'amour
un film d'action
un film de science-fiction
un film fantastique
un film d'horreur
un dessin animé
un film policier
un film comique
une comédie musicale
un film d'espionnage

Task 7 Qu'est-ce qu'on va voir?

Listen to these two teenagers discussing which films to go to in their holiday week. Fill in which two films they decide on, on the days when they decide to go:

Day	Film title
lundi	
mardi	
mercredi	
jeudi	
vendredi	
samedi	
dimanche	

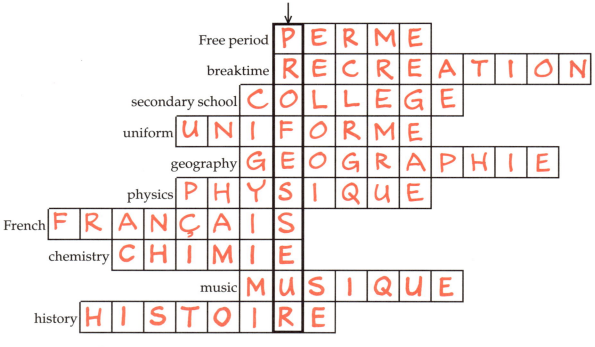

Task 8 Mots croisés

Complete all of the words across in French. This will give you the vertical word:

Clue: Absolutely vital to a school!

Free period	PERME
breaktime	RECREATION
secondary school	COLLEGE
uniform	UNIFORME
geography	GEOGRAPHIE
physics	PHYSIQUE
French	FRANÇAISE
chemistry	CHIMIE
music	MUSIQUE
history	HISTOIRE

The word is: **PROFESSEUR**

Section 9 Units 49–54

Task 1 Mots croisés

[U49,50] Fill in the names of these countries in French. This will give you the word for something very important to the traveller!

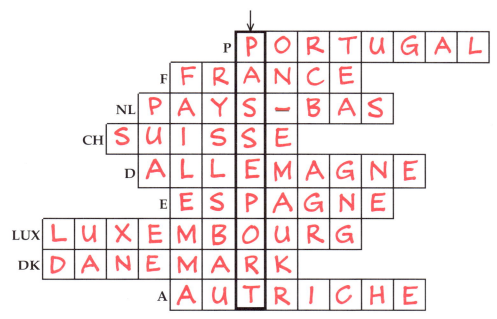

P	P	O	R	T	U	G	A	L	
F	F	R	A	N	C	E			
NL	P	A	Y	S	–	B	A	S	
CH	S	U	I	S	S	E			
D	A	L	L	E	M	A	G	N	E
E	E	S	P	A	G	N	E		
LUX	L	U	X	E	M	B	O	U	R	G
DK	D	A	N	E	M	A	R	K	
A	A	U	T	R	I	C	H	E	

The word is: **PASSEPORT**

Task 2 Mes projets de vacances

[U49,50] Complete the following sentences as part of a postcard to a French friend, telling him/her about your plans for next year's holiday:

> L'année prochaine je vais aller (**1**) . . . . avec
>
> (**2**) . . . . Je vais y passer
>
> (**3**) . . . ., du (**4**) . . . .
>
> **au (4)** . . . . Je vais y aller (**5**) . . . .
>
> . . . .

1 where? **2** people you're going with **3** how many days/weeks? **4** dates of stay **5** how you'll be travelling

Task 3 Vous êtes partie à l'étranger l'année dernière?

Listen to this woman asking a neighbour some questions about her holidays last year. Then choose the correct answers from those given below:

— Vous êtes partie à l'étranger l'année dernière?
— Non, je suis restée en France.
— Chez vous?
— Non, je suis allée à Paris.
— Dans un hôtel?
— Non, chez des amis.
— Vous y êtes restée combien de temps?
— Huit jours seulement.
— Qu'est-ce que vous avez fait là-bas?
— J'ai visité tous les monuments célèbres.
— Par exemple?
— La Tour Eiffel, l'Arc de Triomphe, etc.
— Comment vous avez trouvé le séjour?
— Formidable!

Huit jours seulement   La Tour Eiffel, L'Arc de Triomphe, etc.
J'ai visité tous les monuments célèbres   Formidable!   Non, chez des amis
Non, je suis restée en France   Non, je suis allée à Paris

You can check your final version on the cassette. Practise the dialogue with a partner.

Task 4 Des projets de vacances

Before starting the task, write in the French name for each of the countries on the map.

Then listen to five French people speaking about their holiday plans for next Summer. Draw an arrow from each person to the country/countries they intend visiting, and add in the spaces provided:

a How they will be travelling
b The length of time they will be staying
c The type of accommodation

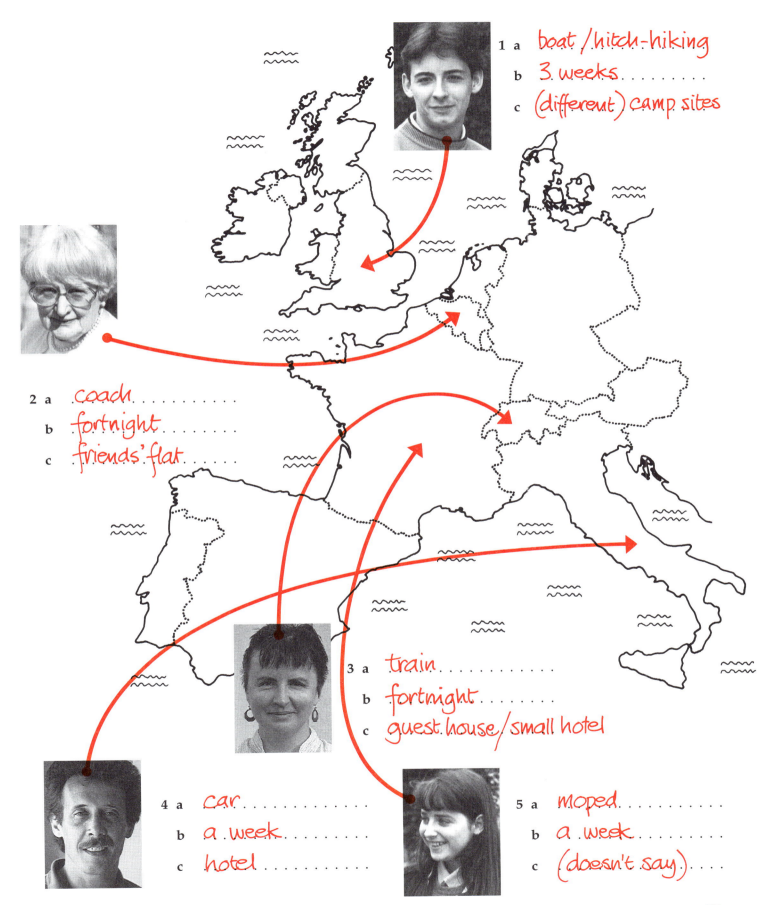

Task 5 **Ça veut dire quoi?**

Imagine you are on a camping holiday in France. As you drive around to various places, you see these signs. Answer the questions about them:

Task 6 Approchez... approchez!

While on holiday in France you hear this loudspeaker announcement in the street. Listen to it carefully, and answer the questions below:

What is being advertised? *a circus*

Write down at least two of the three attractions mentioned?
clowns / acrobats / animals

When will it take place? *this evening at 7*

Where will it take place? *Market Place*

How much will it cost? *nothing*

Task 7 La Petite Motte!

You and your family are interested in going to this restaurant. Your father understands some French, but tends to get the wrong idea. Put him right:

This restaurant is open every evening except Wednesday!
No, every day except Monday.

There's a choice of menu. You can pay anything between 40 and 70 francs.
No, there are two menus — 40F and 70F.

They specialise in British cooking!
No, they specialise in Breton and Country dishes

Oh dear, children aren't allowed in!
Yes they are, it says there's a children's playground.

It's a pity there aren't any other games except "boules"!
Yes there are, there's miniature golf and bike scrambling.

If I send off the coupon, they'll send me a more detailed map of how to get to the restaurant.
No, you'll get a voucher for two free drinks.

Task 8 Et toi... tu as fait quoi?

U53 Complete the following sentences as part of a letter extract to a French friend telling him/her what you did on your holidays last year:

> Pendant les grandes vacances de l'an dernier j'ai passé
>
> (1).................(2)......................avec (3)..........
>
> ....Pendant que j'y étais je suis allé(e)
>
> (4)...........................J'ai visité (5).............
>
> ....et j'ai vu (6)...............
>
> ....J'ai acheté (7)...............
>
> ....comme souvenir de ma visite. Je me
>
> suis très bien amusé(e).

---

1 How long? 2 Where? 3 Who were you with? 4 Where did you go?
5 What did you visit? 6 What did you see? 7 What did you buy?

Task 9 Un bon souvenir

U54   A woman is selling leather armbands with your names engraved to order. With a partner, make up a dialogue in which you buy one for yourself, and then others for friends or members of your family. Listen to this example of a dialogue and use it as a model by changing the parts in italics:

— Bonjour. Je voudrais *deux* bracelets, s'il vous plaît.
— Et les noms?
— *Emma* et *Samantha*.
— Comment ça s'écrit?
— *Emma* s'écrit *E-M-M-A*.
— *E-M-M-A*.
— Et *Samantha* s'écrit *S-A-M-A-N-T-H-A*.
— *S-A-M-A-N-T-H-A*.
  Et les couleurs?
— *Rouge* et *bleu*, s'il vous plaît.

Section 10 Units 55–60

Task 1 Bon anniversaire!

Listen to this extract from a tape letter from a French pen-friend, in which she is talking about her birthday which she celebrated shortly before making the recording. Then complete the sentences below:

The date of her birthday is . . . **22nd July** . . .

The date she recorded this was . . . **23rd July** . . .

She is now . . . **16** . . . years old

As a present her parents gave her . . . **a moped** . . .

Her sister gave her . . . **a double album by Vanessa Paradis** . . .

Her brother gave her . . . **a card (but no present!)** . . .

Her grandparents gave her . . . **500 francs** . . .

As a treat **the whole family went to a restaurant**

Task 2 Vous devez vous inscrire!

Imagine you go to a student conference in France and have to give your details when you enrol. Listen to this student, then practise the dialogue with a partner, adding your own details. The student's role is in italics:

— Bonjour.
— *Bonjour.*
— Comment vous vous appelez?
— *Andrew Grimes.*
— Ça s'écrit comment?
— *G-R-I-M-E-S.*
— Et votre date de naissance?
— *Le deux mai, 1978.*
— Vous venez d'où?
— *D'Oxford . . . en Angleterre.*
— Et le nom de votre collège?
— *Ardley Comprehensive . . . Ça s'écrit A-R-D-L-E-Y.*
— Merci . . . Et bienvenue à Paris!
— *Merci.*

Task 3 Mots croisés

U55 If you fill in the words across, you'll find the word for a special day:

The word is: __ANNIVERSAIRE__

Task 4 Qu'est-ce qui s'est passé?

a Imagine that you have a French guest who comes to you and explains that she has accidentally damaged something in your house. Listen to what is said and jot down notes about what has happened:

1 The shower isn't working – she thinks she may have broken it!
2 She has stepped on one of your cassettes and broken it!
3 She has upset a cup of coffee on the carpet!
4 She has dropped a bottle on the stairs! (It was a present for your parents)
5 She has upset a glass of wine on the settee!

b Here are three accounts of accidents — but the details are jumbled up. Sort them out, then practise telling a partner about these mishaps. (S)he answers *Ce n'est pas grave* or *C'est très grave!*

Je m'excuse, j'ai eu un petit accident . . .

- . . . J'étais en train de faire la vaisselle, quand j'ai jeté le ballon trop fort, et il a cassé la fenêtre.
- . . . Je jouais au volley dehors, quand j'ai versé le café par accident sur le sofa. Ça a tâché un peu.
- . . . J'avais une tasse de café à la main, quand j'ai laissé tomber un verre et il s'est brisé en mille morceaux.

Je suis désolé(e)!!

c How would you explain the following accidents to the owner of a *gîte* in which you have been staying?

Use the following:
J'ai eu un petit accident, monsieur/madame.
J'ai cassé . . . Excusez-moi!

Practise telling your partner about these (and some other) mishaps.

Task 5 Comment c'était?

U57

Listen to these short dialogues in which people are talking about places they have been/things they have done, and what their impressions were. Complete the grid with the information asked for:

	Where did (s)he go?/ What did (s)he do?	What did (s)he think of it?	Reason(s), if given
1	Went to swimming pool	Great!	Water nice and warm
2	Visited a castle	Fantastic!	Very interesting
3	Went to a market	Disappointed!	Not much there — too expensive
4	Went to cinema (saw spy film)	Boring!	Very long and too complicated
5	Went to restaurant	Delicious meal!	excellent service
6	Coach trip to Dinan	Not bad!	Very pretty but weather too hot!

Now practise a similar dialogue with a partner, choosing expressions from the box:

A — Qu'est-ce que tu as fait (**1**) ... ?
B — Je suis allé(e) (**2**) ...
A — Comment c'était?
B — C'était (**3**) ...
A — Ah bon!
B — Oui, (**4**) ...
A — (**5**) ...

> 1 *aujourd'hui/hier soir*
> 2 *au/à la/à l'/aux/à un(e)* ...
> 3 *formidable/ennuyeux/amusant*
> 4 explain why
> 5 *Quel dommage!/Chouette!* etc.

Task 6   Ils ont visité quels pays

U57 This French family has spent a number of holidays abroad. From the postcards they have kept as souvenirs, can you identify the countries they have been to? One has been done for you:

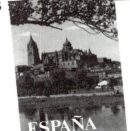

1 *Ils sont allés en Grande-Bretagne*
2 *Ils sont allés en Italie*
3 *Ils sont allés aux Etats-Unis*
4 *Ils sont allés en Suisse*
5 *Ils sont allés en Espagne*
6 *Ils sont allés en Allemagne*
7 *Ils sont allés au Portugal*
8 *Ils sont allés en Hollande*

> en Allemagne
> en Autriche
> en Belgique
> en Ecosse
> en Espagne
> en Hollande
> en Irlande
> en Italie
> en Suisse
>
> au Pays de Galles
> au Portugal
>
> aux Etats-Unis

Then check your answers with the cassette.

Task 7 Mes projets d'avenir

U58 Here are a number of possible future plans. Look at each of them and put a tick or a cross next to the ones you think will probably apply to you:

Je vais quitter l'école à 16 ans ☐

Je vais quitter l'école à 18 ans ☐

Je vais continuer mes études après l'âge de 18 ans ☐

Je ne vais pas aller à l'université ☐

Je vais faire un apprentissage ☐

Je vais travailler à Londres* ☐

  *or other named town

Je vais vivre en Grande-Bretagne ☐

Je ne vais pas vivre en Grande-Bretagne ☐

Je vais travailler à l'étranger ☐

Je vais m'acheter une moto ☐

Je vais m'acheter une voiture ☐

Je vais louer un appartement/une maison ☐

Je vais acheter mon propre appartement/ma propre maison ☐

Je vais me marier ☐

Je ne vais pas me marier ☐

Je vais avoir des enfants ☐

Je ne vais pas avoir d'enfants ☐

Now write up the sentences which you have ticked in the proper order, adding any other things you wish. You will need to say what job you are going to do (*Je vais travailler comme* + job):

Task 9 Petites annonces

U59

A vendre **MOBYLETTE** 1.000 F à débattre. Tél. 33. 31.77.25. Nº 6018086.

Anglaise, 28 ans, étudiante, cherche, en vue améliorer français, poste de vendeuse mi-temps. De préférence dans le sud Finistère. Connaissance en couture. Tél. 98.59.20.47.

Cherche à acheter **MACHINE A COUDRE**, bon état. Tél. 73.29.73.39 heures repas. Nº 6017696.

Trouvée **GOURMETTE** prénom Gaëlle. Tel. 93.27.33.03. Nº 6018268.

Using these advertisements as a model, write four of your own in which you say the following:

1 ... you are a British student. Give your age, and say that you are looking for a part-time job, preferably in the town centre. Give a phone number.
2 ... you found a Japanese Minolta camera on 3rd July in the park near the station. Give a phone number.
3 ... you have an electric guitar for sale. Say it's new. You want 800F for it, but will accept an offer. Give a phone number and specify after 6 in the evening.
4 ... you're looking urgently for a moped or small motorbike in good condition. You'll offer about 1500F. Give a phone number and specify between 8 and 10 in the evening.

Pick out the language you need from the box, but invent your own phone numbers:

bon état
cherche poste mi-temps
800F à débattre
guitare électrique neuve
au parc près de la gare
18 ans
trouvé le 3 juillet
à vendre
urgent
1500F à peu près
de 20h à 22h
vélomoteur ou petite moto
cherche
après 18 heures
de préférence en centre-ville
appareil japonais Minolta
étudiant(e) anglais(e)

Task 10 C'est quel magasin?

U60

Here are eight things that you might need to buy/get while on holiday. Match them up with the correct shop sign. There will be three left over. Fill in a shop sign for each of these:

1 – D
2 – E
3 – A
4 – B
5 – H
6 – C
7 – F
8 – G

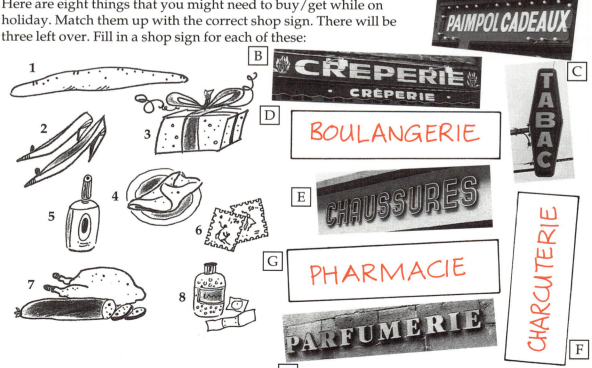